그린란드
상어처럼
생존하라

부분에선 실패해도 전체에선 이기는 기업의 생존기술

그린란드상어처럼 생존하라

지은이 | 배진실, 신호근
펴낸곳 | 북포스
펴낸이 | 방현철
편집자 | 권병두
디자인 | 엔드디자인

1판 1쇄 찍은날 | 2018년 11월 9일
1판 1쇄 펴낸날 | 2018년 11월 16일

출판등록 | 2004년 02월 03일 제313-00026호
주소 | 서울시 영등포구 양평동5가 18 우림라이온스밸리 B동 512호
전화 | (02)337-9888
팩스 | (02)337-6665
전자우편 | bhcbang@hanmail.net

이 도서의 국립중앙도서관 출판시도서목록(CIP)은 e-CIP 홈페이지(http://www.nl.go.kr/ecip)와
국가자료공동목록시스템(http://www.nl.go.kr/kolisnet)에서 이용하실 수 있습니다.
(CIP제어번호: 2018035115)

ISBN 979-11-5815-046-4 03320
값 15,000원

부분에선 실패해도 전체에선
이기는 기업의 생존기술

그린란드
상어처럼
생존하라

| 배진실, 신호근 지음 |

북포스

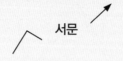

그린란드상어의 500년 생존기술

한때 경영자들은 비즈니스의 영감을 얻기 위해 자연 다큐멘터리에 열광했던 적이 있었다. 기업 환경이란 일종의 먹이사슬과 같고, 약육강식의 무대이며, 적자생존의 원리를 따르는 곳이라고 생각했기 때문이다. 그 당시 기업이 가장 닮고 싶은 생물은 먹이사슬의 최상위에 위치한 동물들이었다. 이 동물들은, 일본과 한국, 대만의 프로야구단들이 보유한 마스코트이기도 했는데 호랑이나 사자, 곰, 독수리 따위였다.

그러나 생물학의 발달과 함께 생존이란 게 단순히 먹고 먹히는 먹이사슬만으로 설명할 수 없다는 게 밝혀지자 기업들은 감춰진 동물들의 생존방식에 주목하기 시작했다. 그린란드상어(Greenland shark)도 그중 하나였다.

그린란드상어는 우리의 상식 속에 존재하는 일반적인 상어와 여러

모로 달랐다. '상어' 하면 가장 먼저 떠오르는 서핑과 파도, 불볕더위 등의 이미지는 이들과 어울리지 않았다. '그린란드상어'라는 이름이 암시하듯 이 수중동물은 전 세계 상어 가운데 가장 북쪽에서 생존했다. 그들이 살아가는 바다의 온도는 영상 1℃ 수준이었다.

이 동물이 관심의 대상이 된 이유는 수명 때문이었다. 2017년 노르웨이 가까운 바다에서 그린란드상어 한 마리가 잡혔는데 몸길이가 7미터에 달했다. 과학자들은 이 상어가 1년에 약 1cm씩 자란다는 사실을 알고 있었다. 이를 바탕으로 수명을 역산한 결과, 상어는 1502~1505년 사이에 태어난 것으로 추정되었다. 그때 우리나라는 연산군이 왕의 자리에 앉아 있던 조선 초기였다. 과학자들은 이 상어의 장수 비결이 궁금했다.

마침 4년 전인 2013년 미국 미시간대의 숀 수 교수는 온도가 낮아지면 노화를 억제하는 유전자가 작동한다는 사실을 밝혔다. 이에 따라 과학자들은 그린란드상어의 장수 비결을 낮은 수온 때문으로 추측했다. 변온동물인 상어는 수온이 낮으면 체온도 함께 떨어진다. 체온이 떨어지면 신진대사도 같이 떨어지는데 이 때문에 노화가 더디게 진행될 것이다! 실제로 어린 그린란드상어가 성체가 되는 데 걸리는 세월은 156년 정도로, 이 정도 나이가 되어야 비로소 짝짓기를 할 수 있다.

그런데 그들의 느려터진 속도가 과학자들을 미치게 만들었다. 유칼립투스 잎사귀를 따먹는 코알라라면 이해가 될 법도 하다. 그러나 상어는 사냥을 해서 먹고 살아야 하는 동물이다. 그린란드상어는 신진대사가 느린 만큼이나 헤엄치는 속도도 느렸는데 1초에 30~70cm밖에 나아갈 수 없었다. 물범조차도 그린란드상어보다 2배 빠르게 헤엄칠 수 있으니 그 속도를 짐작하기 어렵지 않을 것 같다. 생김새를 보아도 그들이 헤엄치기에 적합하지 않은 신체조건을 갖고 있음을 한눈에 알아차릴 수 있다. 몸통은 두꺼우며 지느러미는 짧다. 그런데 그린란드상어는 자신보다 2배 빠른 물범을 잡아먹는다.

물범뿐이 아니다. 작은 상어, 홍어, 장어, 청어, 열빙어, 대구, 연어, 럼피쉬, 울프피쉬, 가자미 등 그린란드상어는 자기보다 최소 2배 이상 빠른 거의 모든 어류를 먹는다.

도대체 비결이 무엇일까? 한동안 그들의 사냥 방식은 베일에 감춰져 있었다. 한 번도 본 적이 없었기 때문인데 그래서 이들은 '잠자는 상어(Sleeper shark)'라는 별명도 얻었다.

그러다 최근 그들의 사냥 방식을 짐작케 하는 한 가지 현상이 발견되었다. 그 추론에 따르면 그들은 사냥을 위해 시력을 포기했다는 것이다.

엄밀한 의미에서 시력 포기가 어떤 의도적 계획의 결과물은 아니다. 그린란드상어는 일부 기생충들에 자주 감염되는데 이 기생충들이 상어의 눈을 파먹어 장님으로 만든다. 대략 90%의 그린란드상어가 시력을 잃은 것으로 추정된다. 그런데 이 기생충들은 몸에서 빛을 낸다. 이 빛은 심해에서 살아가는 그린란드상어에게 뜻밖의 선물을 안겨준다. 빛이 드문 심해에서 기생충이 발산하는 빛을 보고 다가온 생물들이 그린란드상어의 먹이가 되는 것이다. 다윈의 진화론에 따르면 이와 같이 기생충에 눈을 내준 상어들은 생존에 성공할 확률이 높아지고, 반대로 기생충으로부터 자신의 눈을 지켰던 상어들은 도리어 생존 확률이 낮은 셈이다. 적자가 생존하고, 적응하지 못한 생물이 자연도태 된다는 원리로 본다면 눈을 내준 것은 신의 한 수였다.

자연은 우리의 상식을 늘 파괴한다. 영상 1℃의 추운 바다에서 상어가 살 수 있다는 점도 놀라울 뿐 아니라 신진대사를 늦춘 덕분에 수명을 늘렸다는 점도 신기하다. 더욱 우리 눈을 크게 뜨게 만드는 일은, 사냥 능력에서 가장 중요한 헤엄치는 속도를 포기해야 했던 이 상어가 자기만의 방식으로 생존에 성공했다는 사실이다. 그 방식이란 게 눈을 버리고 먹이를 구하는 것이라니! 팔을 내주고 목을 친다는 어느 무사의 이야기가 여기서 비롯된 것인지도 모른다.

나는 그린란드상어의 이야기를 읽으며 이것이 이기는 조건을 만들기 위한 기업의 혁신이라고 생각했다. 만일 누군가 한 자루 칼을 꺼내들고 이를 악문 채 자기 팔을 잘라낸다면 어떨까? 이게 우리 기업들이 말하는 혁신 아닌가? 혁신은 변화에 대응하기 위해 설령 나의 최대 강점이라고 할 만한 것까지도 과감히 버리는 모든 시도를 의미한다. 내일 다시 한 번 승리하기 위한 조건을 만들기 위해서 어제를 과감히 끊어버리는 모든 도전을 의미한다.

나는 너무도 당연하게 이기는 조건을 만들고 싸움에 나서서 장기적

생존에 성공한 기업들을 경험했다. 이 기업들은 '이제 됐다' 싶을 때조차 스스로 안전지대(Comfort Zone)에서 걸어 나와 다시금 그린란드상어 같은 혁신을 택했다. 나는 30년이라는 세월동안 이들 기업에 다니면서 이기는 조건은 어떻게 설계되는지 배웠다. 오늘 이 자리에서 그 노하우들을 풀어놓게 되어 매우 큰 영광이다.

이 책은, 이제 막 사업체를 설립하여 첫 걸음을 내딛는 기업이나 이미 수년간 생존에 성공했으나 새로운 성장 방식이 필요한 기업, 혹은 자신만의 사업체를 구상 중인 예비 창업가를 위해 집필되었다. 그들에게 영감과 자신감, 그리고 첫 걸음을 떼는 보다 효율적인 힌트가 되면 좋겠다.

시작에 앞서 이 책이 전제하고 있는 질문 한 가지를 소개한다. 나는 아래와 같은 궁금증에서 이 책을 시작했다.

"왜 우리의 모든 비즈니스는 처음 계획한 대로 성과를 내지 못하는 걸까? 그건 계획의 문제일까? 아니면 다른 문제, 예컨대 계획의 실행을 방해하는 무엇이 존재하기 때문일까? 만일 실행을 방해하는 요인을 제거하면 계획은 자연스럽게 작동하여 우리를 저 높은 곳으로 이끌어줄까?"

한마디로 '그린란드상어처럼 생존하려면 어떻게 해야 할까?'가 내가 품었던 질문이다.

2018년 10월

배진실, 신호근

Contents

5장 생존의 조건 ❸ 직원 몰입도를 높여라
– 소통중단 비즈버그 극복을 위한 E=S×J×R의 법칙

6장 마지막 세 번의 필터링으로 사업계획 최종 점검하기
– 납득/단순/명료의 거름망

1장

작동 가능한
사업계획서 짜기

•

: 사업계획 제대로 짜기 위한 탈스(TALS)의 법칙 :

"올해도 우리 회사는
잘 될 거야."

내가 아는 모든 사업가들은 사업계획을 갖고 있다. 심지어 내가 모르는 사업가들도 사업계획을 갖고 있다. 그런데 뭐가 문제인가? 도대체 뭐가 문제이기에 사업계획은 작동하지 않는가? 나의 관심사는 사업계획보다는 '작동'에 있다. 작동하지 않는 사업계획서는 쓰레기다. 이 생각에 동의한다면 여러분이 이 책을 읽어야 하는 이유는 명확하다. 당신의 사업계획은 작동되어야 한다.

10년차의 아주 평범한 회사가 있다. 이 회사에도 사업계획은 있다. 매년 연말이나 연초가 되면 사업계획을 작성한다. 그런데 문제가 있다. 의례적이라는 사실이다.

에어컨을 가동할 시기가 되면 휴가 날짜를 꼽아보듯이 그들은 찬바람이 불면 내년 사업계획을 짠다. 배도 안 고픈데 점심시간이라는 이유로 식당을 찾는 사람처럼 사업계획을 짠다. 회사 연식도 오래되다 보니 짜는 방법이나 짜는 시기도 똑같다. 사장이든 혹은 사장이 시킨 사람이든 작년에 하던 그대로 여러 장의 서류를 작성한다. 사장은 기계처럼 도장을 쾅 찍는다. 결재가 떨어진 계획서는 서랍에 이불 깔고 누워서 1년간의 긴 잠을 청한다.

사장을 비롯하여 임직원 모두는 한시름 놓는다. 이제 우리 회사는 1년 동안 잘 굴러갈 것이다. 새해 시무식을 마치며 근거도 없는 안도감을 느낀다. 좀비회사다. 겉보기에는 잘 돌아가는 기업 같으나 속살을 들여다보면 심장이 없다. 회사와 사업계획이라는 외향은 여느 잘 나가는 회사와 똑같으나 영혼이 없다. 습관이 시키는 대로 양식을 짜고, 관행이 허락하는 대로 숫자를 적어 넣는다.

아무것도 모르는 의욕 충만한 신입사원 눈에는 뭔가 근사해 보이고 때로는 비밀스럽기까지 하다. 그러나 눈치 빠른 신입은 사업계획이란 게 요식행위임을 알아차린다. 선배 직원들은 사업계획을 짜는 일이 귀찮지만 시키니까 해야 하는 수많은 잡무 가운데 하나임을 이미 알고 있다. 알고 있으나 입을 다문다. 사업계획에는 별 다른 내용이 없을 것이며, 나는 작년에 하던 대로 올해도 무사히 보내면 그만이다.

그 사이 사장은 사장실 의자에 앉아서 혼자 씩씩거리고 있다. '왜 사업계획은 작동하지 않는 거지? 회사를 위해 일하는 사람은 나밖에 없는 건가?' 임직원들을 보고 있자면 답답하다. 이렇게 훌륭한 사업계획이 작동하지 못하는 건 내 탓이 아니다. 나의 손과 발이 되어야 할 임직원들이 도무지 똑똑치 못한 것이 죄다! 말귀 잘 알아듣고 빠릿빠릿하게 움직이는 인재들은 도대체 다 어디에 숨은 건가!

내가 보기에 이 회사는 사업계획을 짜느라고 시간을 낭비하는 것보다는 차라리 기우제를 지내는 게 나을지 모른다. 실행되지도 않을 사업계획을 짜놓고 회사를 경영하겠다는 말은 자동차가 달려오든 말든 스마트폰에 시선을 고정시킨 채 횡단보도를 건너겠다는 뜻이다. 운이 좋으면 차가 나를 피해갈 것이다. 운이 나쁘면? 그건 생각해 보지 않았다. 회사의 앞날은 운에 달렸다. 실제로 어떤 회사에는 부적이 떡 하니 붙어 있다.

내가 아는 그 회사도 매년 사업계획을 짠다. 설립 10년차의 어엿한 회사지만 사업계획서를 보고 있노라면 뭔가 아마추어의 스케치 같은 느낌을 지울 수 없다. 때로는 사업계획서가 없는 곳도 있다. 이런 경우에는 사장의 머릿속에 사업계획이 숨어 있다. 대체로 몇 명의 임원은 알고 있으나 경영진이라는 소수의 울타리를 벗어나면 아는 사람이 없다.

그 사장의 머릿속에 있는 사업계획을 꺼내보면 이렇다.

'올해 40억 정도 했으니 내년에는 50억 정도 하면 되지 않을까?'

단어 몇 개만 바꾸면 시험을 앞둔 중학생의 생각과 별로 다르지 않다.

'지난 번 중간고사에서 75점 맞았으니 이번에는 조금 더 열심히 하면 85점 맞겠지?'

무엇을 어떻게 왜 공부해야 하는지 방향성이 없는 이 학생 역시 지난번보다 잘 보면 되겠다는 막연한 기대치를 품고 학원 버스에 몸을 싣는다.

대개의 회사는 막연한 1년짜리 계획은 갖고 있으나 그 이상을 넘어서는 계획이 없다. 한해살이풀이라면 1년 계획으로 충분하다. 그러나 회사라면 여러해살이풀, 아니 아름드리나무가 되어야 하지 않겠는가. 그런데도 어디로 자랄지 방향성을 갖고 있지 못하다. 행려병 환자가 선장 행세를 하는 배를 본 적이 있는가. 갈 곳 없는 배를 우리는 난파선이라고 부른다. 생각보다 많은 사장들이 새옹지마 고사에 등장하는 변방의 노인처럼 비즈니스를 바라본다. 말이 생기면 생겼나 보다 하고, 말이 도망치면 도망쳤나 보다 한다. 이러다 도를 깨우치겠다.

농경시대를 지배하던 마인드가 있다. 24절기에 따라 한 해 농사를 지어 먹고 살던 가치관이 있다. 그 사고방식에서 가장 중요한 건 달력이다. 왕이 바뀌건 왜적이 침입하건 계절은 달라지지 않기 때문에 달력만 있으면 굶어죽을 일이 없다고 믿는다. 그래서 농부들은 올해도 작년과 똑같이 하면 된다고 여긴다. 가뭄이 들면? 기우제를 지내면 된다. 흉년이 들면? 그건 하늘이 노했기 때문이지 내가 어떻게 할 수 있는 게 아니다. 오늘날의 기업 현장에서도 여전히 농경시대의 마인드가 지배력을 행사한다. 내가 할 수 있는 일은 작년과 똑같이 하는 것이 전부다. 뭔가를 바꾸려고 하면 안 된다. '더도 말고 덜도 말고 작년만큼만 비가 내리게 해주세요.' 하고 기도하면서 하던 일만 잘하면 된다고 믿는다. 이게 사업계획서의 숨은 의미라고 말하면 지나친 말일까?

　습관적으로 작성하는 구복 신앙적 사업계획은 우리에게 필요 없다. 여러분에게 탈스(TALS)의 법칙을 소개한다. 탈스의 법칙은 작동 가능한 사업계획서를 짜기 위해 만든 간편 툴이다. 탈스의 법칙은 4가지 큰 질문으로 이루어져 있다. 내용은 다음과 같다.

탈스(TALS)의 법칙

TO BE – 3년 뒤 회사는 어떤 모습이 되기를 바라는가?

AS IS – 지금 회사는 어떤 모습인가?

LINE – 지금의 회사를 3년 뒤 회사로 만들려면 어떤 전략이 필요한가?

SAFEGUARD – 계획 이탈에 대한 대안은 무엇인가?

　이 네 가지 질문에 답변하기 위해 여러분에게 필요한 건 평소 생각을 있는 그대로 끄집어낼 수 있는 솔직담백함이다. 물론 아직 답변할 필요는 없다. 이어지는 글을 읽으면서 하나씩 작성해 보자.

TO BE
3년 뒤 회사는
어떤 모습이 되기를 바라는가?

내 경험상, 사업계획을 갖고 있지 않은 사장은 없다. 다소 막연하더라도 분명 뭔가 생각의 씨앗은 갖고 있다. 이 생각의 씨앗을 구체화시키는 것이 사업계획을 작동하도록 만드는 첫 단추다.

한 장의 종이와 펜을 준비하자. 앞으로 총 4가지 질문을 던질 것이고, 이에 대해서 답변을 적어가면 작동 가능한 사업계획의 기초가 완성된다. 첫 번째 질문이다.

질문 ❶ 3년 후 당신의 회사가 어떤 모습이 되기를 바라는가?

이 질문이 중요한 이유는 100가지쯤 된다. 그러나 이 가운데 딱 한 가지만 말하자. 3년 계획이 없으면 1년 계획을 세울 수 없다. 아니, 정확히 말하면 세울 수는 있겠다. 아무렇게나 세워도 1년 계획이 된다.

예를 들어, 자전거 여행을 떠나는 사람이 있다. 1주일 안에 부산까지 가는 게 목표다. 부산까지 300킬로미터라고 치면 오늘 중으로 40킬로미터 이상을 달려야 한다. 이때 방향은 당연하게도 부산 방면으로 잡아야 한다. 서울에서 출발한다면 용인이든 수원이든 남쪽을 향해야 한다. 딱히 목적지가 없다면? 파주로 올라가도 무방하다. 어느 방향이든 40킬로미터를 가는 게 목표가 되기 때문에 어디로 가든 잘못은 아니다.

마찬가지로 여러분의 회사가 3년 뒤에 가야 할 목표가 없다면 올해 짜는 1년 계획은 어떤 형태를 띠든 상관없다. 다만 잘 가는지 못 가는지 모른다. 운이 좋으면 잘 가게 될 것이고, 운이 나쁘면 잘못 가게 될 것이다. 반면 방향성을 갖고 있는 회사는 오늘 우리 회사가 잘 가는지 못 가는지 가늠할 수 있다. 3년 뒤 회사 모습을 갖고 있어야 하는 이유다.

왜 3년일까? 기왕이면 5년이나 10년이 좋지 않을까? 그러나 급변하는 경영 환경을 고려하면 3년으로 충분하다. 2년은 아무래도 짧고, 5년은 너무 길다. 물론 업종마다 상황이 다를 수 있다. 제약회사 같은 곳이라면 최소 5년은 잡아야 한다. 임상실험 등 준비 기간이 길기 때문이다. 꼭 3년이 되어야 할 필요는 없으나 특별히 더 짧게 잡거나 길게 잡아야 할 이유가 없다면 3년이 좋아 보인다.

그럼, 무엇을 적어야 할까?

- 중고차 매매업체라면 '허위 매물 없는 신뢰도 높은 중고차 전문업체'
  가 3년 뒤 회사 모습이 될 수 있다.
- 씨푸드 식당이라면 '부모님 모시고 가족 행사 치를 수 있는 안전 먹거
  리의 씨푸드 뷔페'가 3년 뒤 회사 모습이 될 수 있다.
- 유제품 회사라면 '국내 유제품 5대 회사 진입'이 3년 뒤 회사 모습이
  될 수 있다.
- 식재료를 공급하는 회사라면 '친환경 신선식품 국내 톱 3'가 3년 뒤
  회사 모습이 될 수 있다.

3년 뒤 회사 모습을 정할 때는 평소 회사 대표의 생각이 최대한 반영
되어야 한다. 남의 떡이 커 보인다고 베끼는 건 곤란하다. 자고 일어났
더니 더 좋은 떡이 나타나면 그땐 어떡하겠는가? 경우에 따라서 여러
날에 걸쳐 수첩에 적어 보는 방법을 권하기도 한다. 오늘 3년 뒤 회사
모습을 적어보고, 다시 이틀 뒤나 일주일 뒤 적어본다. 여러 날, 여러
주, 여러 달에 걸쳐서 되풀이하여 내가 만들고 싶은 3년 뒤 우리 회사
모습을 그리다 보면 어느 날 그렇게 스케치한 여러 장의 그림 사이에서
공통점이 발견되기도 한다. 그 공통점이 내가 의식하지 못하고 있으나
내가 진짜 바라는 회사일 수 있다. 세상이 아무리 변해도 달라지지 않

는 내 '꿈속의 회사'가 있다. 경험상, 연혁이 좀 있는 회사는 대개 사장에게 그런 그림이 있다. 그 그림을 글로 옮기면 질문에 대한 답이 된다.

보통 3년 뒤 회사 모습은 4가지 항목으로 구성하면 좋다. 예컨대 커피 전문점을 예로 들어보자.

- 30~40대 아이 엄마들이 아이 데리고 찾을 수 있는 이 동네의 '맘 (Mom)' 편한 쉼터
- 여성들이 선호하는 산미가 풍부한 커피 맛집
- 어린이들이 즐길 수 있는 간단한 요기를 제공하는 간식집
- 직원이 고용 불안 없이 장기간 일할 수 있는 매장

유제품을 파는 회사의 또 다른 예시다.

- 유제품만 파는 회사가 아니라 건강식품, 생활식품 등 종합식품 회사로 탈바꿈한다.
- 친환경 건강식품을 파는 회사가 된다.
- 매출을 지금의 5배인 300억으로 키운다(* 매출 목표를 적어도 괜찮다.).
- 직원 성과에 따른 보상이 충분한 회사를 만든다.

4가지 항목을 보면 크게 두 가지로 이루어져 있는데 하나는 시장이나 고객에게 어떤 이미지의 업체가 될 것인가 하는 것이고(1~3번), 다

른 하나는 직원에게 어떤 이미지의 업체가 될 것인가 하는 것이다(4번). 마지막 직원과 관련된 항목은 가급적 넣자. 직원에 대한 비전이 없다면 당신의 3년 계획은 달성되기 어려울 수 있다. 직원을 동기부여하고, 직원을 사업 실행의 동반자이자 파트너로 대하면서 성과를 만들어내기 위해서는 직원 관련 비전은 필수 불가결한 요소라고 생각된다. 왜 이게 필요한지는 뒤에서 다시 언급할 기회가 있을 것이다.

이렇게 4가지(혹은 3가지나 5가지)를 정한 뒤에 이를 하나의 문장으로 바꾼다.

"우리는 아이용 간식과 산미가 풍부한 커피, 그리고 안락하고 안전한 공간을 제공하는 동시에 직원이 일하기 좋은 직장을 만들어 이 동네의 맘(Mom) 편한 쉼터가 된다."

한 문장으로 만들면 보기 좋다. 그러나 단순히 묶는 게 목적은 아니다. 이 과정에서 내 회사가 진짜 달성하려는 게 무엇인지 숨은 의미를 찾는다. 무슨 말일까? 레고는 다음과 같이 미션(mission)과 비전(vision)을 세웠다.

미션 : 미래의 조립자들을 격려하고 육성한다.
비전 : 미래의 놀이를 개발한다.

조금 전 우리가 작성한 4가지 항목은 이 중 '비전'에 해당한다. 레고의 경우 '미래의 놀이 개발'이 그들의 비전이다. 그런데 미션과 비전이

비슷해 보인다. 엄밀히 말하면 둘은 다른데 비전은 수단이고 미션은 목적이기 때문이다.

예를 들어 유명한 마케팅 격언에 있는 말처럼 고객은 드릴이 필요해서 드릴을 구매하는 게 아니다. 고객이 필요한 건 구멍이며, 이를 위한 수단으로 드릴을 구매하는 것뿐이다. 이때 구멍은 목적이 되며 드릴은 수단이 된다. 마찬가지로 레고는 비전을 통해 자신들이 어떤 수단을 제공하는지 설명한다. 그들은 미래의 놀이를 개발하는 회사다. 그런데 고객은 그들에게서 무엇을 구매하는가? 주로 부모로 생각되는 레고의 고객들은 자신의 아이들이 조립 재능을 갖기를 바란다. 그 조립 재능이 어떤 것인지 확언하기 힘들지만 공간지각력이나 창의력 혹은 손재주와 연관이 깊어 보인다. 부모들은 레고가 필요해서 레고를 구입하는 게 아니라 아이들의 지능 개발과 손재주 향상이라는 목적을 위해 레고의 제품을 구매한다. 이처럼 고객 입장에서 바라보면 비전(미래의 놀이 개발)은 수단이 되고, 미션(미래의 조립자 격려 및 육성)은 목적이 된다.

이 과정은 고객의 관점에서 왜 우리 회사가 필요한지 생각해 보는 시간을 마련해 준다. 당신의 고객이 구매하는 건 아마 커피나 식자재, 건축자재, 인테리어 서비스 따위일지 모른다. 그런데 고객이 제품 구매를 통해 얻으려고 하는 목적은 따로 존재한다. 단순히 집을 고치는 게 목적은 아닐 테고, 3인 가족이 각자의 공간 구분을 통해 개별적이며 독립적인 공간을 향유하는 동시에 함께 모여서 밥 먹고 여가를 즐기는 공간을 찾는 게 목적일지 모른다.

이와 같이 고객이 최종적으로 달성하려는 게 무엇인지 인지하여 적어보는 게 바로 미션(mission)이다. 그러므로 4가지 항목을 단순히 하나의 문장으로 결합하는 데서 그치지 말고 고객의 니즈(혹은 목적)에 맞게 우리 회사의 역할 혹은 기능을 정의해 보면 좋다. 위의 커피집의 경우 '동네의 맘(Mom) 편한 쉼터'가 미션이 된다.

미션과 비전을 구분하여 바라보면 우리는 왜 고객이 우리 말고 다른 업체를 찾는지도 대강 어림짐작할 수 있게 된다. 시장에는 여러 회사의 제품이 존재하고 있으며, 고객이 우리 회사 제품이 아니라 다른 회사 제품을 구매할 때는 분명 고객의 목적 달성에 유용해 보였기 때문이다.

다만 미션과 비전이 익숙지 않아서 어렵다면 4가지 비전을 물리적으로 하나의 문장으로 묶는 것만으로도 충분하다. 기업의 방향성만 알 수 있으면 된다.

한 가지 더 생각해 볼 게 있다. 기업 가치다. 사회가 기업에 요구하는 도덕이 있다. 이 가운데 회사 대표가 중시하는 것을 담으면 기업 가치가 된다. 직원을 중시한다, 정직을 중시한다, 품질을 중시한다…… 등등 여러 가치를 생각해 볼 수 있다. 너무 많을 필요는 없으며 최대 5개 정도면 충분할 것 같다. 참고로 실제 기업들의 핵심가치를 살펴보면 다음과 같다.

❶ 국내 초일류 기업 핵심가치

인재제일/최고지향/변화선도/정도경영/상생추구

❷ 국내 강소기업에서 실제 운용하는 핵심가치 5계명

〈What is important to us〉

– 우리는 최고가 아닌 최적의 인재를 선발한다

– 우리는 업무의 양이 아닌 질에 집중한다

– 우리는 품질에 있어 타협하지 않는 최고를 유지한다

– 우리는 고객의 가치와 이익을 우선한다

– 우리는 사업을 영위하는 데 있어 가장 높은 도덕성을 우선한다

여기까지 작성되었다면 여러분의 사업계획에는 다음과 같은 답변이 적혀 있을 것이다.

나의 사업계획

– 1가지 미션

– 4가지 비전

– 5가지 핵심가치

샘플 : 커피 전문점의 경우

- 1가지 미션 : 동네의 맘(Mom) 편한 쉼터

- 4가지 비전

    1. 30~40대 아이 엄마들이 아이 데리고 찾을 수 있는 이 동네의 '맘(Mom)' 편한 쉼터

    2. 여성들이 선호하는 산미가 풍부한 커피 맛집

    3. 어린이들이 즐길 수 있는 간단한 요기를 제공하는 간식집

    4. 직원이 고용 불안 없이 장기간 일할 수 있는 매장

- 5가지 핵심가치

    1. 타협하지 않은 품질(우수 등급 이상의 제품 구입 및 제공)

    2. 신선 식재료 제공

    3. 법규 준수(재고 음식 당일 폐기 및 최저임금 준수)

    4. 고객 감동(스마일 경영)

    5. 우수 매장 환경(실내 미세먼지 "좋음" 도전 및 인테리어)

앞으로 최소 3년간 회사는 이런 방향성을 갖고 움직이게 된다. 물론 다른 방법도 있다. 연매출 100억의 어느 회사는 3년 목표를 다음과 같이 잡았다.

"2020비전 선포 : 우리는 2020년까지 300억 매출을 달성한다."

이와 같이 조금 더 도전적이며, 매출 지향적인 목표를 잡는 것도 가능하다. 1994년 미국 경영전문가 제임스 콜린스와 제리 포래스는 한치 앞을 내다보기 힘든 시대에는 때로는 도전적인 목표를 삼아서 공격적으로 경영에 나서는 게 좋다는 의미로 'BHAG'를 주창했다. 이는 '크고(Big) 대담하며(Hairy) 도전적인(Audacious) 목표(Goal)'의 머리글자다. 도전적 목표는 실행력에서 가장 중요한 의지를 불태울 때 특히 도움이 된다.

AS IS
지금 회사는 어떤 모습인가?

'투비(To be)'만큼이나 감춰져 있는 게 또 있다. '애즈이즈(As is)'다. 내가 서 있는 현재 위치에 대해서 회사 대표들은 명확히 인지하지 못하는 경향이 있다. 놀라운가? 확률적으로 사실에 가깝다. 아니라면 답을 해보자. 두 번째 질문이다.

질문 ❷ 지금 회사는 어떤 모습인가?

이 질문이 중요한 이유 역시 100가지쯤 있다. 그 중에 가장 큰 이유 한 가지만 들어보자면, 이게 없으면 전략을 세울 수 없기 때문이다. 앞서 우리는 미션과 비전 등을 통해서 회사의 미래 모습을 그렸다. 예컨 대 부산으로 가자고 목적지를 정했다. 그런데 출발점이 없다면? 만일 우리가 서울에 있다면 어떻게 부산에 가야 하는지 계획을 세울 수 있 다. KTX를 타도 되고, 고속버스를 타도 된다. 자가용 운전도 좋다. 경 부고속도로로 가도 되고 지방도로로 우회해도 된다. 그런데 우리가 울 릉도나 제주도에 있다면? 비행기나 배가 없으면 곤란하다.

이처럼 〈지금 회사 모습〉을 파악하는 건 목표 달성 수단을 찾는 데 있어서 필수불가결한 과정이다.

사실 대개의 업체들은 〈3년 뒤 회사 모습(To be)〉보다 〈지금 회사 모 습(As is)〉에 더 익숙하다. 〈지금 회사 모습〉은 경험해 본 것이고, 작년 매출을 통해서 숫자로 접근이 가능하다. 실제로 많은 업체들이 〈지금 회사 모습〉에 바탕을 두고 내년 플랜을 짠다. 작년에 30억을 했으니 올 해는 40억을 해보자. 이때 '작년에 30억을 했으니'가 〈지금 회사 모습〉 에 해당한다. 그런데 〈3년 뒤 회사 모습〉을 그리고 나면 문제의 배경이 달라진다. 전에는 〈지금 회사 모습〉이 왜 문제였는지 인식할 만한 기 준점이 없었다. 보통 '문제'를 다루는 이론에서는 이렇게 설명한다.

"문제란 목표와 현재 사이의 갭(gap)이다."

이 말은 가야 할 방향이 없다면 지금은 전혀 문제가 아니라는 뜻이 다. 가야 할 방향이 없는 사람에게는 파주로 가든 수원으로 가든 하루 에 40킬로미터(Km)만 가면 된다. 어느 방향이든 다 된다. 심지어 안 가 도 괜찮다. 그런데 부산이라는 방향을 가지고 있다면 얘기가 달라진다. 이때는 수원으로 가야 갭(gap)이 줄어든다. 반대로 파주로 가면 도리어 갭(gap)이 커진다. 이렇게 생각해 보면 〈3년 뒤 회사 모습〉이 있는 것과 없는 것 사이에는 큰 차이가 있다.

3년 뒤 회사 모습이 없을 때 : 지금 회사 모습은 별 문제가 없다.
3년 뒤 회사 모습이 있을 때 : 지금 회사 모습은 문제(gap)가 있다.

참고로 〈3년 뒤 회사 모습〉을 따로 그려본 적이 없지만 그럼에도 〈지금 회사 모습〉에 불만을 품고 있다면 그건 표현되지 않은 〈3년 뒤 회사 모습〉이 내 머릿속에 있다는 증거다. 그러므로 〈3년 뒤 회사 모습〉을 더욱 명확히 그려보려는 노력이 중요하다.

〈지금 회사 모습〉을 파악하기 위한 원칙은 '모든 걸 테이블에 올려라(On the table)'다.

나는 자기 회사에서 하는 사업 분야가 무엇인지 한 번에 대답하지 못하는 사장을 종종 본다. 주차장도 운영하고 임대업도 하고 직접 자기 가게를 꾸리는 사람이 있다면 그의 사업 분야는 총 3가지다. 왜 답이 척척 나오지 않을까? 사업 분야를 구분해서 접근하려고 하지 않기 때문이며, 사업 분야별로 '의식적 전략'이 부재하기 때문이다.

'모든 걸 테이블에 올려라'는 원칙은 당신의 사업 분야가 몇 가지인지, 해당 분야에서 팔리는 제품이 무엇인지 명확히 구분하여 파악하라는 얘기다. 사업 분야 구분과 상품명을 비롯하여 각 분야별, 상품별 작년 매출액과 매출 비중, 매출 추이 따위도 테이블에 올려야 한다.

물론 실제 탁자에 올리라는 뜻은 아니다. 대신 화이트보드나 전지 따위에 한 눈에 볼 수 있게 그려보는 게 좋다.

나는 지금 '그려보라'고 했다. 문장으로 적는 것보다는 그림으로 표현하는 게 좋다는 의미인데 그림이 어렵다면 글이나 숫자도 괜찮다. 아무튼 시각화하는 게 중요하다. 한 장의 종이에 시각화하여 나타내면 그것이 '모든 걸 테이블에 올려라'가 된다. 종이나 그림은 단순한 도구지만 사업의 전체 조망에는 특히 유용하며, 무엇보다 사업의 막연함을 제거하고 모든 걸 구체화시켜준다는 장점이 있다. 구체화를 해야 하는 이유? 그게 작동 가능한 사업계획을 만들기 때문이다. 자기계발서를 즐기지는 않지만 〈꿈꾸는 다락방〉 유의 책에서 기억하고 싶은 부분은 '생생하게 꿈을 꾸라'는 대목이다. 꿈은 '생생할 때(vivid)' 이루어진다고 그들은 주장한다. 그 말의 사실 여부를 떠나서 '생생함'은 분명 힘이 있다.

〈지금 회사 모습〉에서 우리가 확인해야 할 건 무엇일까? 전체 매출의 사업 분야별, 상품별 매출이다. 작년에 10억 매출을 올렸는데 이게 어디에서 나온 것인지 확인하는 과정이다. 위대한 경영자로 칭송받았던 GE의 잭 웰치가 오늘날 도마 위에 오른 이유는 그들의 캐시카우 문제 때문이다. 잭 웰치는 여러 개의 사업 분야를 갖고 있었고, 꾸준히 늘렸지만 결국 돈을 버는 곳은 GE캐피탈뿐이었다. 그 캐피탈이 금융 위기의 파고를 넘지 못하고 GE 전체에 막대한 피해를 입혔기 때문에 잭 웰치는 더 이상 경영의 신이 아니라 매출 포트폴리오를 구성하지 못한 바보 경영자로 재평가받고 있는 것이다.

아무튼 우리도 매출의 출처를 확인해야 한다. 어떤 사업 분야가 잘 되는가? 나아가 어떤 상품이 잘 팔리는가? 그리고 당연하게도 효자 사업 분야의 탄생 비밀을 밝혀야 한다. 어느 시장이든 '자고 일어났더니 스타'가 되는 상품이 존재한다. 미세먼지 정보의 확산은 마스크를 불티나게 팔리게 만든다. 미세먼지 거름망을 갖춘 마스크 시장의 확대는 근거가 존재하는 것이며, 당장 대기오염 문제가 해결되지 않는다는 가정 아래 유망한 사업일 수 있다. 향후 3년 이상, 10년까지도 충분히 성장세가 예상되는 사업 분야다.

그런데 이유 없이 툭 튀어나와서 잘 팔린 제품이 있을 수 있다. 만일 그 제품의 매출 비중이 높은 경우, 내년에도 작년과 똑같은 매출을 예상할 수 있을까? 우리가 찾아야 하는 건 이런 하룻밤 사이에 탄생한 스타 상품이다. 지속되지 못하는 이슈 때문에 왕창 팔린 제품이 있다면 그건 계획에서 제거해야 한다. 수주대토 고사의 농부처럼 또 어떤 멍청한 토끼가 달려와서 그루터기에 머리 박고 죽기만을 기다리겠는가? 야구선수들 중에는 결과보다 폼을 더 중시하는 사람들이 제법 많다. 운이 좋아서 안타를 친 것보다 제대로 된 폼으로 정타를 때려서 아웃되는 게 더 낫다고 여긴다. 왜냐고? 운은 예측이 불가능하지만 폼은 장기적으로 성적을 예측하는 지표가 되기 때문이다. 운은 오전에 왔다가 오후에 사라진다. 그러나 폼은 오전에 찾아오면 최소 1주일 이상 내 몸에 머문다.

〈지금 회사 모습〉을 그릴 때는 이와 같이 매출의 근거를 찾아야 하며, 지속성이 있는지 살펴야 한다. 그래야 계획을 세울 수 있다.

최종적으로 〈지금 회사 모습〉을 파악하는 것은, 각 사업 분야 및 각 상품에 대한 정책을 결정하는 과정의 일부다. 우리는 최종적으로 4가지 선택지를 가질 수 있다.

- 확대시킨다
- 약화시킨다
- 유지시킨다
- 폐지시킨다

〈3년 뒤 회사 모습〉을 갖게 되면 우리는 〈지금 회사 모습〉에 대해서 이와 같은 4가지 태도를 취할 수 있게 된다. 만일 〈3년 뒤 회사 모습〉이 없다면? 이 네 가지 가운데 무엇을 택하더라도 아무런 근거가 없기 때문에 실행하는 사람들이 납득하지 못하는 경우가 생긴다.

- **직원들의 의구심** : 지금 잘 팔리고 있는데 왜 생산량을 줄인다는 말인가요?
- **대표의 명쾌한 답변** : 3년 뒤 우리 회사 계획에 따르면 이 시장은 포화 상태에 이르고, 이에 따라 수익성 약화가 예상되

기 때문에. 나아가 우리는 앞으로 다른 분야에서
성장할 것이기 때문에!

최종적으로 이 4가지 태도는 개별 부서와 개별 직원을 통해서 구체
적인 연간계획으로 이어지게 된다.
자, 여기까지 따라왔다면 여러분의 종이에는 다음과 같은 항목이 적
혀 있을 것이다.

나의 사업계획

- 1가지 미션

- 4가지 비전

- 5가지 핵심가치

- 현 시점 사업 분야별/상품별 매출 비중과 4가지 태도(확대/약화/유지/
  폐지) 중 하나

지금의 회사를 3년 뒤
회사로 만들려면 어떤 전략이 필요한가?

투비(To be)와 애즈이즈(As is)라는 점을 찍으면 비로소 우리는 역동성을 획득할 수 있다. 애즈이즈라는 현재의 점만 있을 때는 방향성을 가질 수 없었다. 현재 없이 미래만 있을 때도 점이 하나밖에 없으므로 방향성은 존재하지 않는다. 그런데 이제 미래와 현재의 두 점이 생겼으므로 이 둘 사이에 선을 그을 수 있다. 점의 세계인 1차원에서 선의 세계인 2차원으로 차원 이동이 가능해진다. 2차원부터는 동적 영역이다. 이제 우리가 답해야 할 것은 하나의 점에서 다른 점으로 이동하는 방법, 즉 전략이다.

질문 ❸ 지금의 회사를 3년 뒤 회사로 만들려면 어떤 전략이 필요한가?

우리가 진짜 짜려고 하는 건 1년 계획이다. 그러나 순서로 보면 3년 계획이 먼저다. 1년 계획은 3년 계획 안에 있기 때문이다. 설명을 위해 이 회사의 〈지금 회사 모습〉을 유제품회사라고 가정하고, 〈3년 뒤 회사 모습〉을 종합식품회사라고 해보자. 이 회사는 기존 유제품에 채소나 1회용 식품 따위의 신선식품을 추가하여 종합식품회사로 변모하는 게 목표다. 이 경우 다음과 같은 3년간의 중장기 전략을 세울 수 있다.

❶ 가공 유제품 생산을 다각화 다품종화하여 매년 20% 성장을 유지한다.

❷ 생산자, 유통자와의 상생구조를 통한 신선식품 & 유기농 성장 엔진을 구축하고 1회용 제품(컵밥 등) 생산 판매를 통해 매출을 증대한다.

❸ 온라인 비즈니스 모델을 구축하고 2020년 매출의 70% 이상을 유지한다.

❹ 근무하기 좋은 회사로 육성 발전한다.

첫 번째는 기존의 사업 분야에 대한 정책이다. 기존에 팔던 유제품의 상품 종류를 늘리고 매년 매출을 20%씩 확장한다는 내용이다.

두 번째는 새로운 사업 분야인 신선식품과 1회용 식품에 대한 이야기다. 신사업이므로 비즈니스 모델을 구축하는 내용이 담겨 있고(생산자, 유통자와의 상생구조), 성장 엔진에 대한 언급이 있으며, 구체적인 제품 개발 계획(컵밥과 같은 1회용 제품)이 담겨 있다. 매출은 수치적 목표는 없으며 '증대'라고만 되어 있다.

세 번째는 마케팅 방안이다. 기존 오프라인 영업에 더하여 새롭게 온라인 비즈니스 모델을 구축하고 최종 목표 시점인 2020년에 달성할 매출의 70% 이상을 온라인에서 거둔다는 계획을 세웠다. 오프라인에서 온라인으로 갈아타자는 얘기다.

네 번째는 직원 정책이다. 이건 앞서 비전을 만들 때도 잡았던 것인데 전략도 갖고 있어야 한다.

지금까지 살펴본 이 4가지 전략은 〈3년간의 중장기 전략〉에 해당한다. 이 전략에 대해서 사장은 분명한 의지를 갖고 있어야 한다는 게 내 판단이다. 사장은 작은 그림을 그리면 안 된다. 예컨대 1회용 식품 컵밥을 만들되 이를 야쿠르트 아줌마 유통망을 활용하여 매일 배달하는 방식으로 팔자고 말하는 것은 작은 전략이다. 물론 작은 전략도 필요하지만 사장은 큰 전략을 말해야 한다. 야쿠르트 아줌마 활용 방안이 나쁘다는 뜻이 아니라 야쿠르트 아줌마 활용 방안이 막혔을 때도 방향을 잃어서는 안 되기 때문이다. 1회용 제품을 팔아서 매출을 올리는 게 전략이라면 야쿠르트 아줌마를 활용하는 방안은 전술에 해당한다. 사장은 전략을 잡고 있어야 하며, 구체적인 전술은 부서장 차원에서 짜도록 하는 게 옳다(물론 아이디어를 주지 말라는 뜻은 절대 아니다.). 다만 부서장 차원에서 전술을 짤 때도 너무 많은 전술은 곤란하다. 전술의 숫자가 7개든 10개든 무관하지만 회사 역량 차원에서 볼 때 너무 많다고 여겨지면 실행에 문제가 생긴다. 나아가 전술에 대한 실행 목표와 계획은 부서별로, 직원별로 짜게 된다. 그러므로 지금 당장은 중장기 전략만 있으면 충분하다. 설령 직원이 없어서 대표 본인이 직원 역할을 해야 하는 경우에도 지금은 중장기 전략이면 된다.

다만, 전략의 실행을 위해 연간 매출 목표가 중요하다. 올해 얼마나 매출을 올려야 하는지 매출 목표가 있어야 구체적인 실행 계획을 세울 수 있기 때문이다. 이를 위해 우리가 살펴야 할 게 비즈니스 프로파일(사업 분야)과 프로덕트 믹스(제품별 매출 목표)다.

앞서 우리는 사업 분야와 제품에 대해서 이야기했다. 사업 분야에 대한 4가지 태도(확대/약화/유지/폐지)에 대해서도 이야기했다. 여기에 매출 데이터를 접목하여 다음과 같이 그래프를 그려본다.

▌ 비즈니스 프로파일 : 2018년부터 시작하여 총 3년간 사업 분야별 매출 목표를 적는다.

그림을 보면 상단에 2018년부터 2020년까지 연간 전체 매출 목표가 적혀 있고(차례대로 100억, 150억, 200억), 연간 매출 목표의 사업 분야별 비중이 적혀 있다. 2018년의 경우 전체 매출 목표는 100억이고, 이 가운데 유제품 매출이 50억, 신선식품 매출이 50억이다. 2019년이 되면 전체 매출 목표는 150억이 되는데 이때 유제품은 10억 상승한 60억, 신선식품은 40억 상승한 90억이 된다.

이와 같이 3개년 매출 목표를 사업 분야별로 적어두면 비즈니스 프로파일이 된다.

여기까지 되면 다음 단계 프로덕트 믹스(제품별 매출 목표)를 만든다.

▍ 프로덕트 믹스 : 2018년부터 시작하여 총 3년간 개별 상품의 매출 목표를 적는다. 단, 사업 분야가 하나밖에 없을 때는 프로덕트 믹스만 있으면 된다.

비즈니스 프로파일과 다른 점은 사업 분야를 각 제품군으로 세분했다는 점이다. 예컨대 유제품 분야는 백색우유, 유제품, 치즈, 치즈가공품, 우유재판매 등으로 나뉜다. 신선식품의 경우는 신선식품과 컵밥으로 구분했다. 매출 목표 추이는 구분한 만큼 따로 적는다. 이와 같이 사업 분야별, 제품별 매출 목표 추이를 설정하면 프로덕트 믹스가 완성된다.

이렇게 비즈니스 프로파일과 프로덕트 믹스를 만들면 2019년의 매출 목표가 사업 분야와 제품별로 추려진다.

〈2019년 전체 + 분야별 + 제품별 매출 목표〉

이와 같이 하면 최종적으로 사장 차원에서 전략은 완성된다. 이제 당신은 경영진에게든 직원에게든 두 가지 정보를 제공하게 된다. 하나는 올해 달성해야 할 전체 매출 목표와 분야별/제품별 매출 목표다. 또 한 가지는 이 매출 목표를 달성하기 위한 중장기 전략이다. 온라인을 강화하라거나 신선식품을 위한 생산자-유통자 라인을 구축하고 나아가 1회용 제품 개발을 독려하는 것이다. 이에 따른 세부적 실행 방안은 부서나 개인이 만든다. 설령 1인 기업이더라도 지금은 여기서 그치자.

여기까지 진행되었다면 여러분의 종이에는 다음과 같은 내용이 적혀 있을 것이다.

나의 사업계획

– 1가지 미션

– 4가지 비전

– 5가지 핵심가치

– 현 시점 사업 분야별/상품별 매출 비중과 4가지 태도(확대/약화/유지/폐지) 중 하나

– 3년간의 중장기 전략과 1년간 매출 목표(3개년 사업 분야 & 제품별 매출 목표에 기초한)

SAFEGUARD
계획 이탈에 대한 대안은 무엇인가?

사업계획은 전지전능한 게 아니다. 설령 사업계획에 따라 잘 실행하고 있더라도 성적을 올리는 건 다른 문제다. 만일 1/4분기에 사건이 터졌다면 어떻게 해야 할까? 대대적 구조조정이 필요하다면 어떻게 해야 할까? 사업계획을 짜기 위한 탈스의 법칙 마지막 질문이다.

질문 ❹ 계획 이탈에 대한 대안은 무엇인가?

계획이 없는 곳은 이탈도 없다. 여러분이 이탈했다고 느꼈다면 그건 계획이 있었기 때문이다. 그러나 단지 이탈했다고 느끼는 것과 대응책을 갖고 있는 건 다른 이야기다.

잘 굴러가는 회사를 예로 들어보자. 소위 잘 나간다는 회사들은 6월 정도가 되면 내년 사업계획 초안 작성에 돌입한다. 남은 6개월은? 이미 1/4분기, 2/4분기를 거치며 해온 게 있기 때문에 하던 대로 하면 된다. 이제는 내년 살림을 신경 써야 할 때가 된 것이다. 보통은 6월에 시작해서 9월 정도가 되면 내년 계획의 윤곽이 그려진다. 그리고 11월이되면 확정안이 나온다. 결재가 떨어지면 각 부서에 뿌린다. 12월은 뿌려진 플랜에 토대를 두고 부서별, 개인별 업무계획을 짜는 시간이다. 그래야 1월을 여유롭게 시작할 수 있다.

새해가 시작되면 관리자들은 실적표를 들여다본다. 이미 계획이 있으니 계획대로 움직일 테고, 관리자가 할 일은 계획이 제대로 실행되는지 나아가 매출 목표를 달성하는지 체크하는 것이다. 이들의 손에는 대시보드(dashboard), 즉 현황판이 들려 있다. 가로축에는 사업 분야와 제품별 매출 목표가 적혀 있고, 세로축에는 전체 매출 목표와 실제 달성액을 월별로 적도록 되어 있다.

그 핵심은 다음처럼 '액추얼(actual, 실제 실적) + 포어캐스트(forecast, 예상 실적)'의 조합으로 이루어진다.

- 1월 : 1+11
- 2월 : 2+10
- 3월 : 3+9

1월은 1+11로 표현한다. 앞의 1은 액추얼, 즉 올해 실제 달성한 매출로 누적 매출액이다. 11은 포어캐스트, 즉 남은 달수의 예상 매출액이다. 예컨대 1년간 매출 목표가 120억이고 1~3월 실제 매출액이 각 15억, 8억, 12억이라면 다음과 같이 표시한다.

올해 매출 목표 : 120억

- 1월 : 15억 + 105억 = 120억(목표 대비 100% 달성 예상)

- 2월 : 23억 + 100억 = 123억(목표 대비 102.5% 달성 예상)

- 3월 : 35억 + 90억 = 125억(목표 대비 104.2% 달성 예상)

* 2월이 23억인 이유는 1월(15억)과 2월(8억)의 누적 값이기 때문이다. 뒤에 오는 100억은 남은 10개월에 대한 예상실적이다.

이와 같이 체크하면 해당 달의 누적 매출액뿐 아니라 남은 기간 동안 예상 매출 목표까지 체크할 수 있기 때문에 전체를 조망하는 데 효과적이다.

한편 예상 실적은 상승 잠재력(Upside Potential)과 하락 잠재력(Downside Potential)에 따라 변동 요인이 있으면 즉시 반영한다. 예를 들어, 친환경 유기농 식자재를 생산 공급하는 회사의 경우, 정부 정책의 갑작스런 변화로 지자체 산하 단체 급식소에 친환경 유기농 식자재를 보다 많이 공급해야 하는 상황이 발생하면 상승 잠재력(Upside Potential)이 커져서 예상 매출을 목표 대비 높게 잡아야 한다. 반대로 자동차 부품 수출업체의 경우, 원화가치가 급격히 상승하면 전체 매출액에 차질이 생겨 하락 잠재력(Downside Potential)이 돌연 커지게 된다. 회사는 이와 같은 변동 상황을 연간 계획에 즉시 반영해야 한다. 만일 이와 같은 전체 체크가 부실하다면 잘못된 계획을 계속 밀어붙이게 될 뿐 아니라 방향 재설정의 기회를 놓치게 된다.

통상적으로 잘 나가는 기업들은 3개월 단위로 이 플랜을 계속 밀고 가야 하는지, 포기하고 새로 판을 짜야 하는지 결정하게 된다. 이건 매출 목표 달성 실패의 경우에도 적용되지만 목표를 초과 달성했을 때도 마찬가지다. 잘될 때는 플랜을 바꾸는 게 아니라 직원 보상 정책을 시의 적절하게 조정할 수 있다. 과도한 성과급이 발생하는 걸 방지하기 위해서 노사 간에 맺은 협약을 바탕으로 노사가 머리를 맞대고 재조정해 볼 수도 있을 것이다.

아무튼 실패했을 경우가 더 큰 문제인데 이때는 플랜을 다시 짜게 된다. 이를 위해 월별 매출 목표 달성 여부를 체크하는 대시보드가 필요하다. 대시보드는 고와 스톱을 결정하는 기준이 된다.

그렇다면 언제 스톱을 결정해야 할까?

보통 플랜을 변경한다는 말은, 두 가지 의미를 갖고 있다. 하나는 시장 예측은 옳았는데 업체의 역량 부족으로 플랜을 수행할 수 없게 되었다는 뜻이다. 회사의 절대적 역량이 부족하거나 혹은 경쟁사에 비해 역량이 떨어질 때. 이때는 자원을 더 많이 투입하거나 접거나 해야 한다. 다른 하나는 시장 예측이 잘못되었다는 뜻이다. 시장 트렌드에

둔감한 게 이유가 될 수도 있으나 이보다 중요한 게 불확실성이다. 한 마디로 시장에 뒤통수를 맞았다.

그런데 우리는 이를 어떻게 분간할 수 있을까? 우리가 알 수 있는 정보는 대개 숫자 외에는 없다. 100이라는 목표치에 한참 못 미치는 30이나 40이라는 숫자만이 우리 손에 주어진 전부다. 이 숫자가 역량 부족을 의미하는 것인지, 트렌드 둔감인지, 혹은 불확실성의 개입인지 어떻게 구분할 것인가? 회사 대표에게는 숫자를 해석해야 하는 난제가 주어지며 이는 모든 기업체가 부딪치고 있는 가장 어려운 과제 가운데 하나다. 특히나 이런 문제는 개별 업체, 개별 제품에 대해서 해석이 다 달라질 수 있다는 특징 때문에 정해진 기준이나 답이 없다. 닥쳐봐야 하고, 그때마다 담당자들과 만나서 소통하고 분석해 봐야 한다.

다만 한 가지 언급한다면 숫자의 해석 문제에서 뷰카(VUCA)를 늘 감안해야 한다는 점을 지적하고 싶다.

과거에는 기업 환경의 변동성을 이야기할 때 불확실성 한 가지만으로 설명하는 경향이 있었다. 그러다 최근에는 이를 4가지로 나누어서 살펴보는데 이를 요약한 게 뷰카(VUCA)다.

뷰카(VUCA)

- Volatility 변동성 : 극단적인 변화는 예고 없이 발생함
- Uncertainty 불확실성 : 이슈나 사건을 예측하기 어려움
- Complexity 복합성 : 다양한 원인이 상호작용하여 변화를 일으킴

뷰카는 거꾸로 해석하는 게 이해가 쉬워 보인다. 예를 들어보자. A회사 영업부는 50의 자원을 온라인 마케팅에 투입하여 100이라는 결과물을 얻었다. 이때 우리는 100이라는 결과물이 50의 자원을 투입한 결과라고 생각하는 게 일반적이다. 그러나 뷰카의 A, 즉 모호성에 따르면 이 100이라는 결과물을 만든 이유는 다양한 해석이 가능하다. 온라인 마케팅에 50을 투입했기 때문일 수 있고, 제품 자체의 입소문 때문일 수도 있다. 혹은 뜻하지 않은 1회성 매출이 발생한 것일 수도 있다. 즉 정보의 해석이 열려 있다.

그렇게 여러 가지 원인을 늘어놓고 살펴보다 보니 이게 한 가지 원인에 의한 게 아니고, 특히나 여러 가지 원인들이 서로 영향을 끼치고 있다는 사실이 드러난다. 즉 뷰카의 C, 복합성이 끼어든다. 온라인 마케팅에 50이라는 자원을 투입한 것도 일부 영향이 있고, 이 자원이 파워 블로거에게 영향을 끼치며 그가 생산해 낸 제품 소개담이 관련 커뮤니티에서 영향을 끼친 것도 한 가지 이유가 된다. 나아가 그 커뮤니티에 이 제품에 유독 관심 많은 특정인이 제품을 다량 구매하면서 종합적으로 매출이 100이 된다. 이와 같이 결과의 원인은 여러 가지이며, 이 여러 가지 원인은 서로 영향을 주고받는다.

만일 시장의 움직임에 대한 이해가 여기에 이르면 우리는 시장이란 늘 잠재적 변수를 안고 있는 역동적 공간임을 이해하게 된다. 이게 뷰카의 U, 즉 불확실성이다. 다양한 원인이 존재하며, 그 원인들이 상호 영향을 끼친다면 언제 어떤 또 다른 원인이 발생하여 전체 결과를 흔들어놓을지 알 수 없다는 얘기다. 즉 시장이란 본질적으로 예측 불가능한 불확실성을 안고 있다는 말이다.

최종적으로 뷰카의 V, 즉 변동성이 발생한다. 변동성이 발생한 것은 어떻게 알 수 있을까? 매출에 변화가 생기거나 혹은 변화가 없더라도 원인에 변화가 생겼기 때문에 다음에 똑같은 방식으로 자원을 투입하더라도 원하는 결과는 얻을 수 없게 된다. 그 변화는 예측 범위 밖에 있다는 것이 변동성의 핵심이다.

만일 우리가 시장의 뷰카(VUCA)적 특징을 받아들인다면 우리는 사전에 대응책을 강구한다는 게 얼마나 무의미한 것인지 알 수 있다. 지금까지 전 세계에서 발생한 세 차례의 원전 사고는 모두 원인이 달랐다. 구소련의 체르노빌 원전 사고는 아직 의심스런 부분이 없지 않지만 전문가들은 원자력발전기의 구조적 결함을 이유로 꼽고 있으며, 일본 후쿠시마 원전은 쓰나미에 의해서 사고를 당했다. 대개 우리는 과거의 경험을 가져와서 현재의 문제를 예측하고 대비책을 마련하려는 경향이 있으나 원전 전문가들의 말을 빌리면 '지금까지 똑같은 사고는 단 한 번도 없었다.'가 정답이다. 즉 과거의 경험이 미래의 사고를 예방하지 못한다는 얘기다. 이것이 뷰카가 우리에게 주는 교훈으로, 우리가 할 수 있는 건 따라서 사후 대응이 전부다. 이때 사후 대응을 위해 필요한 것은 다음과 같다.

❶ 뷰카(VUCA)에 대한 구성원들의 이해를 바탕으로

❷ 사내 혹은 사외 다양한 이해관계자들과 소통하고 협업하여

❸ 최대한 즉각적으로 대응한다.

당신은 회사 대표다. 당신은 늘 대시보드를 통해 매출 목표가 달성되고 있는지 체크하고 있어야 하며, 현재 매출 숫자가 의미하는 바가 무엇인지(우리의 예측 범위 안에서 매출이 발생하는지 아니면 다른 데서 발생하는지) 끊임없이 이해관계자들과 소통하며 근사치 답을 찾아야 한다. 이말은 목표 미달성일 때도 마찬가지지만 매출이 목표치를 달성했을 때도 찾아야 한다는 의미다. 그렇게 찾는 과정에서 소통과 협업이 요구되며, 이후 즉각적 대응으로 이어져야 한다. 이것이 대시보드와 함께 여러분이 갖고 있어야 하는 사후 대응책이다.

자, 여기까지 왔다면 1장의 종이에는 다음과 같은 내용이 담겨 있어야 한다.

나의 사업계획

- 1가지 미션

- 4가지 비전

- 5가지 핵심가치

- 현 시점 사업 분야별/상품별 매출 비중과 4가지 태도(확대/약화/유지/폐

  지) 중 하나

- 3년간의 중장기 전략과 1년간 매출 목표(3개년 사업 분야 & 제품별 매출 목표에 기초한)
- 대시보드
- '매출 원인 분석'을 위한 소통과 협업 및 즉각적 대응 방안

고생 많았다. 그러나 아직 끝난 건 아니다. 지금 작성한 사업계획서는 그러나 아직 '작동'이라는 측면에서 고려된 건 아니다. 다만 최대한 여러분의 솔직담백한 의견이 담겨 있으리라 생각한다. 이제 '작동'을 위해 우리가 살펴야 할 게 무엇인지 알아보고, 최종적으로 지금 작성한 1장의 사업계획을 최종적으로 점검하여 대담한 도전에 나서보자.

2장

비즈니스의 작동을
방해하는
3가지 비즈버그(Biz-Bug)

•

: 인지/실행/소통의 오작동 문제 :

무엇이 사업계획의 작동을 방해하는가?

빌 게이츠가 '내가 읽은 최고의 경영서'로 꼽는 책이 있다. 반세기 전에 출간되었다가 얼마 전 재출간된 〈Business Adventure〉다. 이 책의 한국어 제목은 '경영의 모험'인데 이를 문장으로 풀어쓰면 이 정도가 될 것 같다.

"경영은 모험이다."

만일 이처럼 해석하는 게 가능하다면 '경영=모험'이라는 등식도 가능해진다. 집합으로 바꾸어 나타내면 '경영'은 '모험'이라는 집합의 부분집합이 된다.

무슨 얘기를 하고 싶은 것일까? 경영이 모험이라는 속성을 갖고 있는 활동임에도 불구하고 생각보다 많은 회사들이 모험을 피해 '안전'에 머무르려는 경향을 지적하기 위해서다. '안전'이라고 믿는 것은 그저 점괘처럼 믿고 싶은 '안전'이지 실제 비즈니스 환경에서는 그들이 생각하는 '안전'이 존재하지 않는다. 군이 찾자면 '안전'은 모험 속에 존재한다. 외줄타기 하는 사람이 순간순간 체중 이동을 통해 균형을 잡듯이 말이다. 그게 〈경영의 모험〉에서 저자가 던지고 싶었던 핵심 메시지다. 기업이 안전을 보장받으려면 다시 모험에 뛰어들어야 한다.

"안전지대로부터 탈출하라!(Coming out of Comfort Zone.)"

······여기까지는 우리가 일상적으로 이야기하는 부분이다. 우리는 어느 자리를 가나 기업가는 모험심을 가져야 한다, 앙트레프레너십(entrepreneurship, 기업가정신)을 가져야 한다는 얘기를 듣는다. 너무 듣다 보니 잔소리처럼 들릴 때도 있다.

왜 그럴까? 왜 이 중요한 말이 잔소리로 전락했을까? 지금까지 강연이나 컨설팅, 코칭을 하면서 느낀 바에 따르면 여기에는 '자기 거울 문제'가 존재한다. 내가 비춰보는 내 모습과 타인이 보는 내 모습 사이의 괴리감이다. 나는, 자신을 자상한 아버지라고 말하는 가부장적 아버지를 알고 있다. 더 이상 견딜 수 없었던 자녀가 눈물로 반항하고 나서야 아버지는 비로소 자신이 아이를 얼마나 다그쳐 왔는지 깨닫고 충격을 받았다. 나는 자신을 모험가적인 비즈니스맨이라고 믿고 있는 사장을 알고 있다. 그러나 직원들이 증언하는 사장의 모습은 정반대여서 늘 잔돈푼에 쪼들리고 모험을 극도로 꺼리고 있었다. 사장 자신이 생각하는 자신의 이미지를 깨뜨리지 않고서는 아무리 앙트레프레너십의 중요성을 설파해도 절대로 귀에 들리지 않는다.

진짜 모험을 떠날 준비를 해야 한다. 원점으로 돌아가서 생각해 보자.

우리는 이제 막 미지의 행성에 도착한 탐사로봇 X다. 로봇 X는 사업 계획 프로그램이 장착된 당신의 회사를 의미한다. 로봇 X는 이제 스스로 부여한 미션을 수행해야 한다. 만일 로봇 X가 오작동을 일으킨다면 그 이유는 무엇 때문일까?

❶ 시각, 청각, 촉각 등 인지 이상
❷ 로봇 팔이나 바퀴, 동력 등 실행 이상
❸ 신호 전달 등 소통 이상

쉽게 생각해 보면 우리는 이처럼 3가지 이유를 찾을 수 있다. 예를 들면 눈앞에 1미터 높이의 바위가 있는데 이를 인식하지 못하면 로봇 X는 바위에 부딪쳐 헛바퀴만 돌리게 된다. 이것이 1번 인지 이상이다. 시각 정보를 통해 바위가 있음을 감지했고 왼쪽으로 돌아서 가라고 명령을 내렸으나 동력 전달에 문제가 생겨서 바퀴가 옆으로 구르지 못하거나 혹은 바퀴가 구를 수 있는 능력 범위를 벗어나 있다면 이것이 2번 실행 이상이다. 시각 정보를 통해 바위가 있음은 알았고 바퀴에도 아무런 문제가 없으나 정보가 제대로 전달되지 않아서 감각계와 운동계가 따로 놀면 이것이 3번 소통 이상이다.

회사에서도 대개 이 3가지가 사업계획의 작동을 방해하는 문제로 지적된다. 동의하는가? 그렇다면 원점으로 돌아가서 도대체 무엇이 당신의 모험을 방해하는지 확인해 보자.

시장 피드백을 왜곡시키는
인지오류 비즈버그

엘리베이터 회사에 컴플레인이 접수되었다.

"귀사의 엘리베이터가 너무 느려서 우리 호텔을 이용하는 고객들의 불만이 이루 말할 수 없습니다."

불만을 접수한 영업직원은 상부에 보고했다. 처음 이 문제는 별 일이 아닌 것으로 치부되었다. 경쟁사 전부를 통틀어도 우리보다 빨리 고객을 수송하는 엘리베이터는 없기 때문이다. 그러나 컴플레인이 반복되자 사장은 대책을 세울 필요성을 느꼈다. 중역회의가 소집되었다.

"좋은 해결책이 없을까요?"

여러 답변이 이어졌지만 딱히 대안은 없었다. 기술 고문이 사태를 정리했다.

"엘리베이터 속도를 높이는 게 불가능하지는 않습니다만, 여기에는 두 가지 허들이 있습니다. 첫째 정부 규제에 따른 안전성 허들입니다. 정부의 안전 규정을 지키면서 속도를 높이려면 비용 증가 문제도 해결해야 하고 제반 기술이 뒤따라야 하는데 그게 말처럼 쉬운 일이 아닙니다. 설령 첫째 허들을 넘더라도 두 번째 허들이 기다리고 있습니다. 고속 운행에 따른 승객의 멀미 문제입니다. '느리다'는 문제를 해결하기 위해 '멀미' 문제를 일으키는 것은 바람직한 해결책은 아닌 것 같습니다."

최소한 기술력으로는 해결이 불가능한 사안임이 분명해졌다.

문제 해결이 불가능하다는 사실을 받아들인 사장 A는 자사의 엘리베이터를 설치한 호텔에 '기술적 난제를 해결하기 위한 노력을 경주하고 있으나 시일이 걸릴 것 같다'는 내용을 포함시켜 정중한 사과문을 보내라고 지시했다.

반면 같은 문제에 대해서 해결에 대한 열망이 강렬했던 사장 B는 그날 밤잠을 설쳤다. 날이 밝자 사장 B는 다시 중역회의를 소집했다.

"좋아요, 그런데 문제는 진짜 '느리다'에 있는 것인가요?"

중역들은 고개를 갸웃거렸다.

"고객이 '느리다'라고 말하는 게 1층에서 10층까지 30초가 걸리는데 이걸 20초로 당겨 달라는 얘기인지, 아니면 30초가 걸려도 좋으니 지루함을 제거해 달라는 건지 구분이 되느냐는 말입니다."

그제서야 중역들은 문제가 달라졌다는 사실을 이해했고, 다시 고객 컴플레인의 실체를 들여다보았다. 문제는 어떻게 해결되었을까? 사장 B가 이끄는 회사는 자사의 엘리베이터에 거울을 달기 시작했다. 거울이 있으니 고객들은 수십 초의 탑승 시간 동안 자신의 얼굴을 바라보거나 옷매무새를 고치는 등 할 일이 생겼고, 그와 동시에 지루함은 사라졌다. 더 이상 '너무 느리다'는 고객의 컴플레인은 접수되지 않았다.

사장 A와 사장 B의 차이는 무엇일까? A는 판단이 빠르고, B는 조금 더 판단을 늦추고 끝까지 답을 추구한 것이 근본적인 차이일까?

내가 보기에 이 둘의 차이가 곧 인지의 차이다.

로봇 X의 눈앞에 나타난 1미터 높이의 바위는 누구에게나 똑같은 1미터 바위일까? 사장 A와 B의 시선으로 바라보면 이 둘은 다르다.

사장 A : 이건 뛰어넘을 수 없는 바위야. 옆으로 이동해야 해.

사장 B : 이건 바위처럼 보이지만 실은 지구상의 바위와 똑같은 바위가 아니야. 여기는 중력이 지구의 1/10이거든. 손으로 밀면 분명 옆으로 밀릴 거야.

엘리베이터 문제 역시 똑같다. 사장 A는 문제의 배경에 자기 회사를 두고 있으나 사장 B는 문제의 배경을 고객으로 바꾼다.

사장 A : 우리 회사가 가진 기술력으로 보면 이 문제는 해결이 불가능해.

사장 B : 우리 고객이 가진 불만으로 보면 이 문제는 해결이 가능해.

누구에게나 주어진 정보는 똑같다. '너무 느린 엘리베이터'라는 문구에는 아무런 오해의 소지도 없다. 그러나 문제를 바라보는 배경은 바꿀 수 있다. 그런데도 많은 회사에서 배경을 바꾸지 않는다. 왜? 여기에 익숙함의 함정이 존재한다. 나는 365일 회사에서 생활하며 회사 중심으로 모든 걸 바라본다. 간혹 '그런데 고객들이 좋아하는 게 뭐지?' 하고 잠깐 생각의 배경을 바꿀 뿐이다.

우리는 비즈니스의 작동을 방해하는 벌레들을 생각해 볼 수 있다. 이 벌레에 '비즈버그(biz-bug)'라는 이름을 선사한다. 비즈버그는 '비즈니스 버그(business bug)'의 줄임말이며, 위 이야기의 경우 '인지오류 비즈버그'라고 부른다.

인지오류 비즈버그는 이처럼 현장 정보를 받아들이는 방식에서 생긴 문제를 의미한다. 생각보다 이건 심각한 문제를 일으키는 주범이 된다. 일본을 방문한 두 사신단이 다른 보고서를 올린다. 한 팀은 '일본은 지금 평화롭다, 별 문제 없다, 우리나라에 우호적이다'라고 보고한다. 다른 한 팀은 '일본은 지금 군사를 기르고 있다, 언제 어떻게 우리나라를 넘볼지 모른다'라고 보고한다. 그들이 보고 온 게 다른 게 아닐 텐데 해석은 이처럼 달라진다. 문제를 바라보는 프레임 혹은 콘텍스트가 다르기 때문이다.

정보란 날 것 그대로 객관적으로 존재하는 게 아니다. 늘 해석이라는 프리즘을 거치기 마련이다. 이때 우리가 어떤 프리즘을 쓰느냐에 따라 문제의 색깔, 무게, 맛이 달라진다. 단지 눈앞에 1미터짜리 바위가 보이느냐 안 보이느냐의 문제가 아니라는 말이다.

시장이 보내오는 피드백(정보)을 바르게 수용하려면 우선적으로 인지오류 비즈버그의 제거가 필요하다. 대표적인 인지오류 비즈버그는 다음과 같이 3가지가 존재한다.

❶ 시각의 문제 : 시장 피드백(정보)에 대해서 아예 눈을 감는 경우

❷ 렌즈의 문제 : 관행, 경험 등이 시장 피드백을 왜곡하거나 차단하는 경우

❸ 배경의 문제 : 시장 피드백을 자의적, 자기중심적으로 해석하는 경우

아직은 해결책을 논의할 단계가 아니다. 일단 인지오류 비즈버그를 비롯하여 플랜의 작동을 방해하는 3가지 비즈버그를 순서대로 살펴본 후 이어지는 장에서 하나씩 해결책을 살펴보도록 하자.

문제 해결을 방해하는
실행지연 비즈버그

"팀장님, 분명 문제가 있습니다. 조금만 더 시간을 주시면 보충 조사해서 보고하겠습니다."

이제 입사한 지 불과 6개월도 안 된 신입사원이 팀장 A에게 정중하게 말을 꺼냈다.

처음 팀장 A는 신입사원의 과욕과 업무 미숙이라고 생각했다. 몇 가지 정황증거만으로 실제로 그런 문제가 있다고 단정 짓기에는 무리가 따르지 않은가? 그래서 대수롭지 않게 '일단 우리 일부터 마무리하자.'고 타일렀다.

그러나 전체 20곳 가운데 16번째 서비스 센터의 방문을 마치던 날,

이번에는 팀장 A도 이상한 점을 감지했다.

"그러니까 수도권 서비스 센터 고객에게서 불만이 높다는 게 골자인 거죠?"

"네, 맞습니다. 고객의 소리(VOC)에 접수된 내용 일부에는 늘 빠지지 않고 등장하는 게 '자동차 수리 시간이 너무 길다'는 내용이었습니다."

"그 숫자가 어느 정도인 거죠?"

"접수된 100여 개 피드백 가운데 15명이 동일하게 서비스 지연을 언급하고 있습니다."

"전체 데이터도 충분히 크지 않아서 신뢰도가 어느 정도일지 잘 모르겠네요. 더욱이 일시적인 문제일 수도 있잖아요?"

"말씀하신 것처럼 어떤 이유에서 비롯된 불만인지 확정할 만한 직접적인 증거는 없습니다. 다만……."

신입사원은 수도권 서비스 센터의 데이터를 꺼냈다.

"수도권 서비스 센터는 늘 일감이 밀리고 있습니다. 연간 데이터를 보면 1년 중 300일가량 수용 가능 대수가 늘 30% 이상 초과하고 있습니다. 대기 없이 수리했을 때와 비교하면 30% 이상 시간이 딜레이된다는 뜻으로 해석해도 무방할 듯합니다. 이번에 제게 현장 직원들의 얘기를 들어보라고 하셔서 인터뷰를 진행했는데 다들 바쁘다며 시간을 내주는 분이 드물었습니다. 그나마 시간이 허락되는 직원이 고객 응대 직원이어서 한 10분 정도 이야기를 나누었는데 서비스 지연으로 고객 항의를 가장 많이 듣는 사람이 자신이라고 하더라고요. 고객의 소리

(VOC)에 반영되지 않은 고객의 불만이 있다고 보여지며, 그런 내용까지 모두 더하면 최소 20% 이상의 고객이 서비스 지연으로 불만을 갖고 있다고 추측됩니다."

"수도권 서비스 센터 모두에서 동시에 발견되는 현상인가요?"

"그렇다고 보여집니다. 수도권은 20% 이상 수용 범위를 초과하고 있습니다."

"지방은요?"

"반면 지방은 경기도 권역만 벗어나면 상대적으로 서비스 지연 문제가 사라집니다. 대신 서비스 품질 문제가 제기되는데 이건 팀장님께서도 확인하신 내용으로 알고 있습니다."

실제로 그랬다. 수도권은 서비스 품질이 양호했다. 반면 지방은 품질에서 문제가 있는 곳이 많았다. 팀장 A는 미간을 찌푸렸다. 시스템 상에서 나타난 품질 문제 개선과 권고를 위한 출장길이었는데 시스템에 포착되지 않은 '수도권 지역의 서비스 지연 문제'가 새롭게 대두되었다.

그러나 문제 해결의 주체는 누가 되어야 할까? 서비스 센터의 수용 문제라면 개별 서비스 센터가 직원을 증원하거나 혹은 필요하다면 수리 설비를 증축해야 한다. 그렇다면 이건 중앙 센터가 할 일이 아니라 개별 서비스 센터가 책임지고 해결해야 할 일이 아닌가? 만일 그렇다면 중앙 센터가 할 수 있는 일은 수도권 서비스 센터에 공문을 돌려서 서비스 지연에 대한 대응책을 요구하는 수밖에 없지 않은가?

"달리 해결책이 없을 것 같아요. 서비스 센터가 다들 개별 법인이다 보니 중앙에서 강제할 수 있는 수단이 없다는 게 함정일 수 있겠죠. 아무튼 우리로서는 중앙 센터에 의견서를 올려서 문제를 인지할 수 있도록 하는 게 최선인 것 같아요."

팀장 A는 최종적으로 이와 같이 의견을 정리하고 신입사원에게 간략히 페이퍼 작성을 요청했다. 출장이 끝나고 팀장은 출장 보고서를 작성하여 제출하면서 '수도권 서비스 센터의 서비스 지연 문제'에 대한 1장짜리 의견서를 첨부했다. 그리고 며칠 뒤 수도권 센터들에 보낼 공문을 제출하라는 얘기가 하달되었고, 사건은 일단락되었다.

실행지연 비즈버그의 핵심은
'누구를 앉힐 것인가'의 문제

오늘도 세상의 수많은 회사에서 벌어지고 있는 일 가운데 하나다. 문제없는 회사는 드문데 문제를 해결하는 회사도 드물다. 엘리베이터 회사와 비교하면 가장 큰 차이는 무엇일까? 문제를 인식한 사람이 사장이 아니라 직원이라는 점이다.

사장은 능력이나 물리적 한계를 극복하기 위해 직원을 고용한다. 직원은 자신에게 주어진 미션을 어느 수준 이상으로 수행하게 되고 이 때문에 고용관계가 지속된다. 문제는 이 사건과 같은 일이 벌어졌을 때다. 이건 사전에 예측할 수 없는 문제들인데 이때 직원의 역량에 따라 문제는 해결되기도 하고, 혹은 방치되기도 한다. 감기 정도의 일시적인 문제라면 시간이 해결해 줄 테지만 회사 브랜드의 신뢰도를 깎아먹는다면 간과할 수 없는 큰 문제다.

우리는 앞에서 미지의 행성 탐사로봇 X에게 발생할 수 있는 세 가지 오작동 문제를 살폈는데 팀장 A의 문제 대처 방식이 바로 실행지연 비즈버그에 해당한다. 플랜의 수행을 이끌어야 할 담당 직원이 예측범주를 벗어난 문제 해결을 포기하거나 외면했을 때, 혹은 회사에 적극 의견을 보고하고 추가적인 조사 등을 요구하지 않았을 때 회사에는 누수가 발생하고, 문제가 축적되어 목표 달성은 조금씩 궤도를 이탈한다.

만일 팀장이 이 문제를 다룰 수 있을 만한 사람이었다면 어땠을까? 이번에는 팀장 A 대신 팀장 B의 생각을 따라가 보자.

팀장 B는 조금 다르게 접근했다. 그는 이 문제를 해결할 주체는 개별 서비스 센터가 아니라 중앙 센터라고 판단했다.

"개별 서비스 센터가 사후 서비스를 수행하는 곳이라면 우리는 선제적으로 예방 대응을 해야 하는 곳입니다. 맞지요?"

팀장 B는 신입사원을 상대로 이야기를 하고 있었지만 그 내용은 흡사 자신의 본분을 리마인드하는 것처럼 보였다.

"네, 맞습니다."

"사실, 개별 서비스 센터로서는 수익이 우선이지 본사의 브랜드 신뢰도까지 관심을 기울이기는 힘들 거예요. 설령 우리 앞에서는 자신들이 브랜드 관리의 구심점 가운데 하나라고 얘기하겠지만."

"네, 그럴 것 같습니다."

"더욱이 브랜드 신뢰도는 단기간에 형성되는 게 아니기 때문에 그들로서는 증원이든가 증설은 비용 발생을 일으키는 요인이지 장기적으로 수익을 높이는 요인이 되기 어렵다고 판단할 겁니다. 물론 그걸 설득하는 게 우리 일 가운데 하나이기는 해도 말이죠. 결론적으로, 아무리 우리가 뭔가를 요구하더라도 그들은 꿈쩍하지 않을 가능성이 높다는 말입니다."

팀장은 이와 같이 사태를 정리한 뒤 두 번째 중대한 문제를 제기했다.

"그런데 말이죠. 과연 우리의 품질 관리 시스템은 올바르게 작동하고 있는 것일까요?"

"네?"

"만일 우리가 이 문제를 건드리면 품질 관리 시스템의 허점을 지적하는 게 됩니다."

"그렇겠네요."

"저는 이 시스템을 도입하는 과정을 옆에서 지켜보았어요. 다양한 상황을 가정하고 시뮬레이션을 돌려보며 검증하고 그 과정에서 발생한 많은 문제들을 바탕으로 최적의 시스템을 만들었죠. 아마도 회사는 이 시스템에 대해서 매우 높은 신뢰도를 갖고 있을 거예요. 시스템이 가리키는 지표들이 지금까지 정확했고, 또한 나름 성과가 있었다고 믿고 있으니까요. 그럼에도 말이죠, 우리가 옳다고 스스로 확신한다면 우리는 과감히 시스템의 맹점을 지적해야 합니다."

팀장 B는 최소한 시스템에 대해서 확고한 신념 하나를 갖고 있었는데 그건 시스템은 언제든 낡을 수 있다는 점이었다. 시스템은 사람이 만들기 때문에 예측 범위를 넘어선 일을 수행하지 못한다. 또한 시스템은 AI가 아니기 때문에 스스로 학습하지 못한다. 설령 셀프 학습 기능이 있더라도 대량의 데이터를 지속적으로 공급해주지 않으면 성장할 수 없다. 시스템은 시장의 피드백에 대해서 제대로 반응하지 못하는 순간을 언제든 맞이할 수 있다!

마지막으로 한 가지 문제가 더 있었다. 이번 출장의 목적 가운데 하나였던 지방 서비스 센터의 품질 개선 문제다.

팀장 B는 다음과 같이 3가지 과제를 종이에 적었다.

❶ 문제 해결의 주체는 중앙 센터다. 조금 더 축소해서 말하면 문제를 발견한 우리다.

❷ 시스템에 모든 걸 의존해야 한다는 생각은 버려야 한다.

❸ 지방 서비스 센터의 품질 개선 문제도 동시에 고려해야 한다.

그리고 팀장 B는 신입사원과 함께 머리를 맞대고 해결책 탐색에 나섰다. 해결책은 생각보다 어렵지 않게 나왔다. 그림을 그리다 보니 자연스럽게 손이 답을 그리고 있었다.

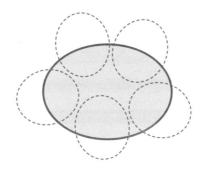

"팀장님, 이거 어떠세요?"

신입사원은 그림 한 장을 보여주었다. 팀장은 그림을 보자마자 이 그림이 의미하는 바가 무엇인지 알아차렸다.

"클러스터(cluster)!"

중앙의 동그라미는 수도권의 경계를 표시한 것이다. 경계 안쪽에 수도권 서비스 센터가 있고, 바깥쪽에 지방 서비스 센터가 위치한다. 이때 5개의 동그라미처럼 수도권과 지방 서비스 센터를 하나의 서비스 단일권으로 묶을 수 있다. 신입사원이 말했다.

"지금 우리 중앙 센터는 관리 시스템을 통해 개별 센터와 연결되어 있습니다. 개별 센터끼리는 정보를 공유하고 있지 않습니다. 즉 A 센터와 B 센터는 서로가 어떻게 돌아가고 있는지 모르는 상황입니다."

신입사원이 말을 이었다.

"그런데 이렇게 클러스터로 2개 이상의 서비스 센터를 묶은 뒤 A센터-중앙-B센터가 서로 수리 현황을 공유하면 어디에서 지연이 발생하는지 어디에 여유가 있는지 알 수 있습니다. 초과 차량을 인력이 남는 곳으로 배치하면 지연 문제를 해결할 수 있습니다."

팀장 B가 말을 받았다.

"맞아요. 그렇게 하면 지방 서비스 센터의 품질 개선을 권유할 명분도 생깁니다. 지금까지 품질 저하의 원인을 알고는 있었지만 해결책이 없었거든요. 일거리가 없으니 자꾸만 품질 누수가 발생한 것이죠. 수지타산이 안 맞으니까."

"이렇게 하면 수도권 고객의 만족도가 높아질 뿐 아니라 센터 직원들의 업무 스트레스도 줄어서 이직률 등의 문제에도 간접적으로 기여할 수 있을 것 같습니다."

"남은 문제는?"

"실제 수리 시간을 얼마나 단축시킬 수 있는지 체크하여 클러스터를 어떻게 짤 것인지 전략을 수립하고, 수리 차량 이관에 따른 비용 등의 문제 확인하기!"

며칠 뒤 팀장 B는 신입사원과 함께 작성한 서비스 센터의 클러스터화 안건을 올렸고, 얼마 뒤 클러스터 사업이 본격 가동되었다.

팀장 B의 스토리는 일부 각색이 가미된 실화로, 어느 자동차 회사의 서비스 센터에서 벌어진 일이다. 우리는 해피엔딩으로 끝난 이 사건을 통해 실행지연 비즈버그를 해결하기 위한 한 가지 힌트를 얻는다. 자세한 내용은 4장에서 다루기로 하고, 간단히 정리하면 이렇다.

"바퀴처럼 생겼다고 아무나 바퀴 역할을 하는 건 아니다. 플랜을 수행해야 할 자리에 사람을 어떻게 앉혀야 하는지 우리는 고민해야 한다."

　아무리 플랜이 뛰어나도 이를 수행해야 하는 인력이 그만한 역량을 갖추지 못할 때 문제가 발생한다. 인력은 때로 플랜보다 더욱 중요한 역할을 하기도 한다. 우리에게는 팀장 A가 아니라 팀장 B가 필요하다. 그 팀장 B를 그가 가장 일을 잘할 수 있는 자리에 앉힐 필요가 있다. 그런데 혹시 그 자리에 다른 누군가가 앉아서 이건 자기 자리라고 주장하고 있는 건 아닐까? 예컨대 창업공신이라거나 사장과 좀 가까운 사이라거나 그런 사람 말이다.

직원을 바보로 만드는
소통중단 비즈버그

세 번째 비즈버그로 넘어가자. 이 문제는 바가지에 담긴 물 이야기로 시작된다.

사장의 손에는 한 바가지의 물이 들려 있다. 그 물이 가진 힘이 얼마나 큰가 하면 그 한 바가지만으로도 회사를 망가뜨릴 수 있다. 반면 사장은 그 물을 마중물로 쓸 수도 있다. 회사가 가진 잠재력을 일깨우기 위해 펌프에 넣을 수 있다.

그런데 지금 사장은 그 물을 절대로 쓰지 않고 손에 들고만 있다. 사장은 물을 들고 가만히 서 있다. 회사는 지금 물을 필요로 하는데 사장이 물을 뿌려주지 않으니 다들 사장 손만 쳐다본다.

그 물은 권력이다.

내가 아는 어떤 중견기업은 아직도 연세 드신 회장이 500명에 달하는 직원들의 월급 인상분을 직접 결정한다. 그는 직원 목록을 손에 든 채 연필로 직접 1만 원을 올렸다가 내렸다가 하며 최종적으로 월급을 결정한다. 회장이 적은 그 수치가 내년도 해당 직원의 급여가 된다. 인사평가를 담당하는 직원들은 회장 얼굴만 쳐다본다. 노령의 회장이 빨리 업무를 끝내주기만을 기다린다. 연봉 협상이고 뭐고 없다. 주는 대로 받아야 한다. 이건 단순히 월급 문제에 국한되지 않는다.

물론 스타트업이라고 해서 다르지 않다. 오너 마음대로 하는 게 싫었던 어느 대기업체 직원은 스타트업이나 중소기업체라면 직원들의 권한을 보장해주지 않을까 싶어서 이직했는데 웬걸, 아니올시다였다. 아마도 복불복이겠지만 대개는 아닌 것 같다. 오너들은 자기 손에 들고 있는 물을 절대 아래로 내려주지 않는다.

우리는 신경계가 단순히 명령만 전달하는 기관이라고 잘못 알고 있다. 정보 전달이라는 측면에서 보면 물론 옳은 말이다. 그러나 실제로 동물이든 기계든 명령이 전달된다는 말은 그 명령의 내용을 실행하는 권한까지 함께 옮겨간다는 뜻이다. 정보에 이미 권력이 존재한다는 말이다. 만일 권한을 함께 부여하지 않으면 명령체계의 중간에 존재하는 사람들은 그저 말을 옮기는 사람일 뿐이고, 권위를 갖지 못하므로 하부에 명령수행을 요구할 수 없게 된다. 이런 관점에서 사장이 직원에게 액션 A를 지시했다는 말은, 액션 A와 관련된 권한까지 함께 내린다는 뜻이 된다. 그런데 우리들의 기업 현장에서는 말은 내려가지만 권한은 내려가지 않는다. 명령과 권한의 분리 현상은, 회사들이 안고 있는 많은 문제를 설명해준다.

예컨대 회사는 일반적으로 수직적 구조를 갖고 있는데 그러나 명령과 권한이 분리된 회사는 정상적인 수직적 구조가 아니라 기형적 수직구조를 갖게 된다.

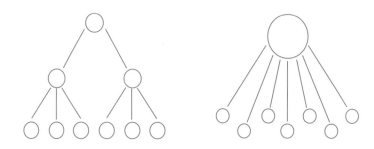

❙ 정상적 수직구조(좌)와 비정상적 수직구조(우)

정상적 수직구조는 그림처럼 계층을 이루며 소통 라인이 명확하다. 반면 문어처럼 생긴 비정상적 수직구조에는 계층이 없다. 일대다의 모양으로 이루어지며 사장은 직원 전체에 대해서 권력을 독점하게 된다. 이런 문어 모양 구조에서는 임원조차도 눈치를 보는 바보가 된다. 그들 중에는 풍부한 경험과 비즈니스 감각을 가진 사람도 섞여 있지만 아무것도 생각할 수 없다. 그는 자기 생각을 표출하는 게 얼마나 무의미한 일인지 심지어 위험한 일인지 잘 알고 있다. 왜냐하면 오너에게 의견을 제시하면 이런 답변이 돌아오기 때문이다.

"사장님, 이번에는 이런 방법이 좋을 것 같습니다."

"그래요? 그럼 한번 계획을 세워 보세요."

이 말이 의미하는 바를 현장에 있는 사람들은 다 안다. 이건 전략을 짜보라, 실행해 보라는 뜻이 아니다. 십중팔구 당신들이 좋다고 하니까 마지못해 해보라고 한 것일 뿐 나는 흥미가 없다는 뜻이다. 부서장이든 임원이든 사장과 이런 식의 대화를 나누는 것은 자신의 입지에 불리하다는 것을 눈치 챈다. 대신 사장이 지금 어떤 생각을 갖고 있는지 그 생각을 들여다보려고 한다. 왜냐하면 권력의 한 방울도 양보하지 않는 사장들은 자신이 독단적으로 회사를 꾸려가고 있다는 인상을 주고 싶어 하지 않기 때문이다. 그럼에도 그의 주머니 속에는 전부터 생각하던 방향이 있다. 사장은 절대 주머니를 뒤집어서 보여주지 않는다. 속된 말로 '답정너'다. 답은 정해져 있고, 지금 너만 모르는 형국이다. 그런 뒤 임원, 부서장들에게 내 주머니에 뭐가 들어 있는지 맞춰보라고 은근히 압박한다. 이제 게임은 사장의 주머니에 들어 있는 복심을 읽어내는 일로 변한다. 평소에 뭘 좋아하시는지, 평소에 하는 말씀이 무엇인지 살핀다. 독심술이 필요해진다.

내가 알고 있는 정상적 수직 구조란 이런 게 아니다. 부하직원이 상사의 마음을 헤아리는 건 미덕이기는 하다. 그러나 그게 핵심적인 업무가 되어 버리면 이제 회사에서 생존하는 방식이 달라진다. 회사를 오래 다니려면 사장의 마음을 읽고 사장의 의중을 짚어내야 한다. 속칭 '딸랑이'가 탄생한다.

중간 관리자들의 생존 기술이 달라지면 이는 회사 전체에 영향을 끼치게 된다. 직원들은 회사가 납득하기 힘든 방식으로 운영된다는 것을 눈치 챈다. 그들이 보기에는 오너와 이해관계가 얽혀 있는 사람들이 권력을 가진 것처럼 보인다. 조직도에 표시된 책임자도 아닌 사람이 큰 목소리를 내는 광경을 목격한다(실은 그도 오너의 복중을 헤아리고 있을 뿐이지 실제로 권력을 쥔 것은 아님에도 불구하고 말이다.).

이와 같이 오너가 아무도 믿지 못하고 권력의 물을 밑으로 내리지 않으면 직원들의 애사심과 업무에 대한 열정은 그에 반비례해서 사라진다. 이런 오너와 함께 일하는 동안에는 직원 모두가 바보가 된다.

이런 까닭이다. 소통중단 비즈버그가 회사를 지배하는 동안 회사는 설령 시장 피드백을 정확히 캐치하고 있더라도 일하기가 싫다. 해봐야 사장이 인정도 안 해주는데 애쓸 필요가 무엇인가! 그래서 회사에는 이런 분위기가 형성된다.

"뭘 하려고 하는 것보다는 차라리 안 하는 게 낫다!"

다들 다른 게임에 정신이 팔려 있다.

어느 컨설턴트의
꾀

어느 컨설턴트가 있다. 그가 울산의 어느 중견기업에 의뢰를 받고 사장을 면담했다. 사장은 가내수공업으로 업을 이어오다가 최근에 비즈니스가 확장되자 뭔가 제대로 하고 싶었다. 미션도 만들고 비전도 갖고 싶었다. 컨설턴트의 도움이 필요했다. 그렇게 해서 성사된 만남이었다. 그런데 컨설턴트는 면담 시작 1시간이 지날 즈음, 사장이 가지고 있는 문제를 알아차렸다. 컨설턴트가 꾀를 냈다.

"제가 일주일 뒤에 미션, 비전, 전략을 잡아드리겠습니다. 그런데 사장님께서 하실 일이 있습니다."

"뭡니까? 말씀만 해주세요."

"사장님께서 생각하시는 이 회사의 미래상에 대해서 종이에 적어주시면 좋겠습니다. 지금 이 자리에서 말입니다."

"어렵지 않습니다."

사장은 종이에다 자신이 생각하는 이 회사의 방향에 대해서 적었다. 그런데 컨설턴트는 사장이 적은 종이를 들여다보지 않았다.

"이걸 한번 보셔야 하는 거 아닌가요?"

"아닙니다. 그대로 접어서 갖고 계십시오."

사장은 의아했지만 시키는 대로 종이를 접어서 서랍에 보관했다.

며칠 뒤 컨설턴트는 600명의 직원 가운데 30명의 핵심 인력을 선발하여 총 3일간 워크숍을 진행했다. 이 과정에서 그들은 회사의 장점과 약점을 추출했고, 이를 토대로 미션과 비전을 잡아가기 시작했다. 물론 컨설턴트는 워크숍을 이끌었을 뿐 내용을 잡아가는 건 철저히 핵심 인력에게 맡겼다.

그리고 일주일 뒤 컨설턴트는 미션과 비전, 전략 등을 정리한 보고서를 들고 사장실로 찾아갔다. 그리고 사장이 적은 종이와 직원들이 만든 보고서를 대조했다. 어땠을까? 놀랍도록 닮아 있었다. 신기해하는 사장을 앞혀 놓고 컨설턴트가 이유를 설명해주었다.

"이건 제가 잡은 게 아니고, 이 회사의 핵심 인재들이 잡은 내용입니다. 저는 단지 그들을 도왔을 뿐입니다. 제가 실례를 무릅쓰고 이렇게 한 이유는, 회사를 지금보다 더 크게 키우려고 하신다면 전처럼 혼자 하시면 안 된다는 뜻을 말씀 드리기 위해서였습니다. 지금까지는 사장님 역량으로 이만큼 회사를 일구었지만 이제부터는 다릅니다. 보시다 시피 이 회사 직원들은 비즈니스에 대해서 사장님 못지않게 깊이 이해하고 있습니다. 그들의 의견을 들으시고, 생각을 공유하세요. 그러면 훨씬 창의적인 의견들도 많이 나올 것이고, 무엇보다 그들이 신바람이 나서 회사의 사업계획을 열심히 밀고 갈 것입니다."

이 컨설턴트의 꾀가 아니었다면 사장은 과연 직원들의 역량을 알 수 있었을까? 직원들의 역량을 사장만 모른다는 것은, 참으로 놀라운 일이다.

대개 자수성가한 사장들, 특히 자기 혼자 힘으로 사업체를 꾸려온 사장들은 직원들이 자신의 뜻을 이해할까 의심하는 경향이 크다. 그래서 뭔가 자기 생각을 전달하려고 하다가도 고개를 젓고 그만둔다. 일견 맞는 말처럼 보이지만 실은 대단한 착각이다. 그 생각에는 직원에 대한 우월의식이 분명 자리하고 있다.

사장과 대면하는 컨설팅에서 나는 이런 광경을 종종 목격한다. 사장의 눈에 직원들은 늘 성에 차지 않는다. 직원들의 역량이나 능력이 늘 부족해 보인다. 똑똑한 인재는 다들 어디로 갔는지 모르겠다며 인복이 없는 걸 한탄한다. 그런데 제대로 컨설팅을 해보면 생각이 달라진다. 제대로 된 컨설턴트라면 사장의 복심을 읽어내는 일보다는 비즈니스의 관점에서 구성원들의 의견을 이끌어내는 데 관심을 기울이기 때문이다. 이 과정을 거치면 사장들은 직원을 재발견하게 된다. 자기 생각이 잘못이었음을 알게 된다. 그러면 이제부터 직원들의 의견을 구할 수 있게 된다. 미리 답을 정해놓고 회의를 진행하는 방식에서, 어떤 의제나 아이디어도 테이블 위에 올릴 수 있는 열린 방식의 회의로 바뀌게 된다. 물바가지는 여전히 사장이 들고 있다. 그러나 이 사장은 물을 펌프에 부었기 때문에 회사 전체에 아이디어와 생기가 돌게 된다.

그럼에도 오너가 물이 가득 담긴 바가지를 손에 꼭 쥐고만 있다면 이 회사는 아무리 직원들을 똑똑하게 뽑아도 결국은 바보를 만든다.

3년 전으로
돌아간다면

바보 직원을 양산하는 소통중단 비즈버그는 연이어 다른 문제로 이어진다. 직원들이 내 뜻을 이해하지 못한다고 생각해서 의견을 묻지도 않았던 오너는 이런 생활에 오래 길들여진 끝에 커뮤니케이션 스킬을 잃게 된다. 자기 속에 무슨 생각이 있어도 이를 표현하는 습관이 없다 보니 늘 말문이 막힌다. 말재주가 없더라도 필요성을 느끼고 있었다면 자기 생각을 표현해줄 사람을 키울 수도 있는 노릇이다. 그러나 필요성을 못 느끼니까 표현 능력을 개발할 생각도 못하고 사람도 키우지 못한다.

한번은 강연회 자리였다. 강의를 마무리할 시점에 어느 회사 대표가 질문을 던졌다.

"사업계획을 어떻게 짜야 합니까?"

그 회사의 사정을 알기 전에는 참 막연한 질문이다. 질문을 돌려주었다.

"만일 3년 전으로 돌아가신다면 어떻게 사업계획을 짜시겠습니까?"

그러자 기다렸다는 듯이 답변이 튀어나왔다.

"제가 품고 있던 생각들을 직원들과 정밀히 공유했을 것입니다."

그는 회사 전체가 자기 뜻을 충분히 이해하고 한 방향으로 움직였다면 지금보다 사업체가 더 커졌을 것이라며 아쉬움이 담긴 목소리로 말했다.

그 대표의 이야기에 전적으로 동의한다. 다만 공유에는 분명 권한의 이임 문제라든가 참여, 보상 따위의 문제도 동반된다는 점을 기억해야 한다.

커뮤니케이션 문제는 단순한 게 아니다. 이건 영업비밀과 연관이 있는 경우도 많다. 단순히 커뮤니케이션 스킬이 없어서 공유하지 못하는 게 아니다. 설령 나와 가장 가까운 부하직원이라도 발설하면 안 된다고 느끼면 소통의 길이 막힌다. 처음부터 회사 조직을 제대로 갖추고 시작하는 경우도 드물다. 대개는 소수의 인원으로 시작하거나 심지어 혼자 힘으로 회사를 꾸려간다. 그런 태생적 관행이 사장을 계속 혼자 움직이도록 만든다. 창업 당시의 사업 역량으로 지금껏 회사를 꾸려오다 보니 매니저로서의 역량을 향상시킨 적이 없다. 그는 직원을 두고 있으면서도 마치 1인 기업가처럼 회사를 꾸린다. 그 결과, 직원 중에 누가 일을 잘하는지 모른다. 직원에 대해서 무지하다.

직원 입장에서는 혼자 하려는 사장을 보면서 무슨 생각을 하게 될까? 사장은 지시만 하고 간다. 우리는 시키는 일만 하면 된다. 사장은 늘 자화자찬이다. 우리도 뭔가 일은 했는데 사장 말을 듣다 보면 우린 별로 한 일이 없는 사람 같다. 그래? 그럼 그냥 시키는 일만 하고 월급만 받자. 뭔가를 하려고 하는 건 별로 좋은 일이 아니다. 사장이 그걸 바라는 것 같지 않다. 뭔가를 하려고 하면 사장과 부딪칠 것 같다. 몸은 회사에 있지만 의욕은 집에 있다.

사장은 직원을 비즈니스 파트너로 여기지 않고, 직원은 사장의 그런 시선을 잘 알고 있으니까 그냥 월급 받고 노동을 제공하는 사람에 머문다. 이런 회사에 사업계획이 있다 한들 무슨 소용이 있는가?

회사는 직원의 역량에 대한 공정한 평가를 내리지 못하게 되고, 이제 딸랑이들이 줄을 선다. 딸랑이들 역시 아무런 권한이 없으나 호가호위를 한다. 사장은 끌끌 혀를 차면서도 이 사람들 외에는 일을 맡길 수 없다. 이들을 중심으로 사업을 꾸려간다. 그들을 주요 자리에 앉힌다. 새로운 비즈니스를 하려고 할 때도 이 사람들을 중심으로 비즈니스를 꾸린다.

신사업의 격언 가운데 '사람을 보고 비즈니스를 하면 안 된다'는 말이 있다. 비즈니스에 필요한 역량이 무엇인지 파악한 후에 그 역량을 갖춘 사람에게 일을 맡겨야 한다. 사람이 없으면 스카우트를 해서라도 데려와야 한다는 게 정석이다. 그런데 사람을 먼저 결정해 놓고 그에게 비즈니스를 맡긴다? 비즈니스가 그렇게 해서 잘 작동된다면 얼마나 좋겠는가.

소통에 무관심한 회사는 오늘도 사람을 보고 비즈니스를 맡긴다. 그 사람도 결국은 어떤 사람인가? 역량을 바탕으로 인정받은 사람이 아니라 사장의 복심을 읽어서 그 자리에 오른 사람일 가능성을 우리는 배제할 수 없다.

만일 공유 문제가 단순히 표현 문제라면 그나마 가능성이 있다. 일반적으로 대기업에는 기획부서가 사장의 생각을 구체적으로 구현시킨다. 그러나 업체가 작다면 따로 기획부서를 꾸릴 수 없을 텐데 그렇더라도 답이 없는 건 아니다. 주요 자리에 앉아 있는 사람, 혹은 부서장 혹은 몇몇 사람이라도 좋다. 사장의 마음을 충분히 이해해 줄 수 있는 사람들과 공유를 시도해야 한다. 내가 생각하는 이 회사의 큰 그림에 대해서, 방향에 대해서, 우리가 앞에서 이야기한 대로라면 미션과 비전, 중장기(3년) 전략 등에 대해서 주요 인사들과 끊임없이 커뮤니케이션하면서 회사 전체가 공유할 수 있는 교두보를 마련해야 한다.

다시 말하지만 한 바가지의 물이 아래로 내려가지 못하면 이 펌프는 절대 어떤 물도 길어 올릴 수 없다.

지금까지 우리가 살펴본 3가지 비즈버그, 즉 인지오류 비즈버그, 실행지연 비즈버그, 소통중단 비즈버그가 가리키고 있는 하나의 점이 있다. 무엇일까? 바로 사장의 혁신 마인드다.

사장의 계획은 그저 그런 간단한 플랜일 수 없다. 아무리 현장에서 오래 뒹군 사장이라도 꿈만큼은 크게 꾼다. 그러나 큰 꿈에는 큰 혁신 마인드가 필요하다. 대담한 계획에는 대담한 혁신이 필요하다.

우리는 다시 원점으로 돌아가야 한다. 2장의 첫 부분으로 돌아가도 좋다. 경영은 무엇인가? 모험이다. 나의 착각을 돌이켜 보고 다시 모험심을 불러일으키는 데서 사업계획은 비로소 현실의 문턱에 들어선다. 이제 이어지는 장에서 우리는 3가지 비즈버그를 극복하고 '행동하는 회사', '작동하는 사업계획'을 만드는 방법을 알아보자.

3장

생존의 조건 ①
애자일을 이식하라

•

: 인지오류 비즈버그 극복을 위한 실행 철학 바꾸기 :

애자일(agile)의
탄생

1983년이었다. 뉴잉글랜드의 금융회사에 제프 서덜랜드라는 기술자가 근무하고 있었다. 그가 다니던 회사는 전형적인 톱다운 방식의 회사였다. 윗선에서 프로그램의 방향을 결정하면 제프와 같은 프로그램 기술자들이 지시를 받아서 이를 구현했다. 이를 흔히 폭포가 떨어지는 것과 같다고 해서 '폭포수 개발방법(waterfall method)'이라고 부른다.

그런데 제프는 불만이 많았다.

'아니, 현장에서 일하고 있는 개발자들의 의견은 하나도 듣지 않고 매번 아무것도 모르는 사람들이 상사라는 이유만으로 프로그램 아이

디어를 결정한다는 게 말이 돼?'

제프의 불만은 단지 느낌만은 아니었다. 그는 개발자답게 각종 데이터를 갖고 있었는데 마침 그의 손에는 '폭포수 개발방법의 실패율'이라는 통계가 있었다. 자료에 담긴 실패율은 무려 83%에 달했다!

여기에는 몇 가지 이유가 있었다. 첫째, 상사들도 물론 프로그램이 뭔지 잘 아는 사람들이었지만 자리가 그렇다 보니 시장과 너무 멀리 떨어져 있었다. 물론 부하직원들을 통해서 시장 니즈에 대한 동향을 보고받았지만 그들이 받은 고객 분석 자료는 숫자화된 것으로, 해석의 여지가 다분했고, 상사들은 자신의 입맛에 맞는 자료만을 취해서 프로그램 개발에 반영하는 특성을 보였다. 한마디로 현장에 대한 감이 떨어졌다.

둘째, 시간이 너무 오래 걸렸다. 상사가 검토하고, 아이디어를 짜고, 최종 결정한 후 프로그램 개발을 지시하며, 다시 기술자들이 개발하는 절차를 밟았는데 그동안 고객의 니즈는 달라져 있었기 때문이다. 한마디로 폭포수라는 이름에 걸맞지 않게 이 방식은 너무 느려 터졌다!

이 열혈 직원은 더 이상 참을 수 없었다. 상사의 입맛만을 맞추는 게 진짜 나의 본분인가? 상사 너머 고객을 만족시켜야 하는 게 아닌가?

제프는 그 길로 하버드 비즈니스 리뷰를 찾아 읽었다. 그러다 만난 게 1986년 게재된 'The New Product Development Game'이라는 기사였다. 기사의 핵심 내용은 '성공 기업은 유연하다'는 문장에 담겨 있었다. 기사 작성자가 성공 사례로 제시한 기업은 오늘날이 아닌

1980년대의 잘 나가던 도요타와 캐논이었는데 이들의 조직은 마치 럭비 팀과 흡사했다. 럭비 팀들은 한 줄로 길게 늘어선 채 서로의 팔짱을 끼고 있는 일명 '스크럼' 자세를 취하는데 도요타와 캐논의 조직이 꼭 그랬다. 시각적으로 확인이 가능하다시피 스크럼에는 상하 구조가 없다. 한 명 한 명이 대등한 위치에서 수평적으로 자기 역할을 수행한다.

제프는 '스크럼'이라는 단어에서 탐색을 그쳤다. 그리고 오늘날 전 세계를 뜨겁게 달구고 있는 애자일 시스템을 개발하기에 이른다.

약 30년 후인 2017년 우리나라의 대표적인 대기업인 GS그룹 허창수 회장이 GS 최고경영자 전략회의에서 애자일이라는 키워드를 들고 나왔다. 그가 애자일에 주목하게 된 이유는 아래 3가지 발언에 힌트가 있다.

"불확실성과 변화의 소용돌이에 민첩하게 대응할 수 있는 조직구조와 문화를 구축해야 한다."

"GS도 구성원의 창의적이고 자발적 역량을 끌어내야 한다."

"현장 중심으로 빠른 의사결정을 할 수 있는 조직구조를 만들어가야 한다."

제프가 애자일을 개발할 때는 뷰카(VUCA)와 같이 기업 환경을 정의하는 표현이 없었지만 핵심은 동일하다. 조직은 애자일해야 한다는 게 골자였다.

영어사전을 들춰보면 애자일(agile)은 '민첩한'을 뜻하는 형용사다. 명사는 'agility'인데 업계에서는 애자일이라는 단어로 통일된 지 오래

되었다(제프가 그런 이름을 붙인 까닭도 있겠지만). 왜 그런가 하면 이 단어는 다음과 같이 무언가를 수식하는 어휘로 쓰이는 경향이 강하기 때문이다.

- 애자일 스크럼(Agile Scrum, 제프가 만든 개발 프로그램 방식)
- 애자일 스쿼드(Agile sqad, 최근 여러 기업에서 도입하는 소규모 자율 조직)

심지어 브루스 페일러(Bruce Feiler)라는 미국의 작가는 애자일 프로그래밍이라는 단어를 가정 내에 도입하여 행복한 가정을 만드는 방법으로 쓰고 있다. 이 말은 애자일이란 자유롭게 어딘가에 이식할 수 있다는 뜻이다.

그래서 애자일은 여러 형태로 도입될 수 있으며 마찬가지로 여러 방식으로 변형이 가능하다. 이렇게 제안한다.

'사장을 포함한 일군의 집단을 애자일화한다.'

대기업과 같이 구성원이 많은 조직이라면 절차의 복잡성이 존재하는데 이때는 조직을 애자일화하는 게 좋을 수 있다. 허창수 회장을 비롯한 대기업들이 애자일을 내재화할 때 사용한 방법이 기존 수직 구조를 병렬식 애자일 조직으로 바꾸는 것이다. 그러나 규모가 작거나 혹은 애자일의 도입을 위한 첫 시도를 위해서는 사장을 포함한 일군의 집단이 애자일의 개념을 갖고 움직여 보는 것도 좋다는 생각이다.

왜 애자일의 이식을 제안하는가 하면 이게 우리가 2장에서 언급한

인지오류 비즈버그를 극복할 수 있는 좋은 방법이기 때문이다. 나아가 남은 두 가지 비즈버그에 대해서도 해결책 모색을 위한 힌트를 준다. 만일 간단하면서 혁신적인 한 번의 시도로 탐사로봇 X의 본질적 난제를 해결할 수 있다면 그게 좋은 해결책이 아닌가?

애자일 내재화를 위한 첫 걸음 : 가설-검증의 간격을 좁혀라

기업 활동이란 기본적으로 플랜에 따른 액션과 현장의 피드백, 수정된 액션으로 이루어진다. 액션 A에 대한 현장 평가를 중심으로 계속 액션 A를 취할지 액션 B로 갈아탈지, 그때마다 결정을 내리면서 목표에 도달해야 하기 때문이다. 시행착오 학습이론이나 가설-검증 모델이라고 부르는 것도 이름만 다를 뿐 같은 원리를 따른다.

문제는 간격이다. 액션 A에 대한 평가와 수정 여부는 어느 시점에서 이루어져야 할까?

톱다운 방식으로 운영되는 회사의 경우, 평가와 수정은 제프 서덜랜드가 지적했듯이 시일이 오래 걸린다. 대개는 최종적으로 제품을 생산하여 시장에 런칭하는 시점에서 액션 A에 대한 평가가 이루어진다. 그러나 시장에 나가서야 첫 반응을 살피는 것은 너무 잔혹한 일이다. 이 간격은 더 좁혀져야 한다.

우리는 앞에서 회사 성장을 위해 3년 단위의 목표와 계획이 필요하다고 설명하며 그에 맞게 사업계획을 짰다. 그러나 3년이라는 단위는 최초의 시도 이후 최종 성과물을 확인하기까지 걸리는 기간을 의미하는 게 아니다. 이보다는 대시보드를 설명하며 '일반 기업체들은 3개월마다 플랜을 점검한다'는 내용이 조금 더 우리가 하려는 얘기와 가깝다. 물론 이때의 3개월도 애자일이 말하는 적당한 간격은 아니다. 피드백이 옳다는 전제 아래 간격은 최대한 짧은 게 좋아 보인다. 조정 과정의 주기가 짧기 때문에 회사는 아래 그림처럼 단기적으로 실행 방식을 수정하면서 진폭을 만든다.

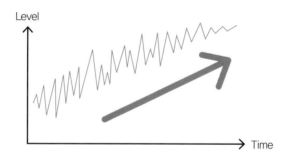

가로축은 시간이고, 세로축은 목표에 근접한 수준이다. 표를 보면 회사의 액션-피드백 곡선은 파동을 치고 있는데 결국은 상승곡선을 그리는 주식처럼 전체적으로 상승한다. 목표에 근접하고 있다는 얘기다.

이때 하나의 파동(가설-검증 주기)을 그리는 시기는, 제프의 경우 2주 이내로 한정한다. 실제로 제프는 프로젝트 단위도 그처럼 잘게 쪼갤 것을 주문한다. 상품 전체를 만들고 시장에 출시하는 전체 과정이 아니라 '머리만 만들어라, 다리만 만들어라'라고 업무를 세세하게 나누어서 그때마다 피드백을 실행한다. 당연하게도 방향성이나 가이드는 최소한으로 그친다. 문제 발견과 수정 과정은 액션-피드백을 수행하는 단위에 맡긴다.

이 방식은 오늘날 게임회사에서 쉽게 관찰된다. 팩이나 게임기를 이용해 즐기는 게임은 완성형태로 출시하는 게 일반적이지만 온라인 게임은 '베타'라는 미완성된 형태로 시장에 미리 나오기도 하고, 중간에 대규모 업데이트 등을 거치면서 지속적으로 액션을 재조정한다. 이 때문에 일반 회사가 제품을 시장에 내놓으면 어떤 부서는 업무가 종료되기도 하지만 게임회사는 그런 게 없다. 그들은 첫 런칭 때보다 유저의 피드백을 반영하는 시간을 더 길게 잡기도 한다. 특히 게임 런칭 이후 초기 단계에서는 액션과 피드백 사이의 간격을 최대한 좁혀서 빠르게 대응하도록 만든다.

물론 모든 회사가 게임회사처럼 사용자나 소비자를 통해 피드백을 받을 수는 없다. 그럼에도 애자일을 구현하기 위해서는 피드백에 특화

된 내부 직원을 두어서라도 수행해야 한다. 가설-검증 간격 좁히기는 애자일의 핵심 가운데 하나이기 때문이다.

피드백 주기는 업체의 특성을 따른다. 편의점이나 마트는 오전에 진열하면 바로 당일에 확인이 가능하다. 반면 제약회사 같은 곳은 임상실험 과정을 거쳐야 하므로 피드백 시간을 줄이는 데 물리적 제약이 있다. 그럼에도 가능하다면 업무를 잘게 쪼개고, 그에 맞게 피드백을 할 수 있는 과정을 모든 업무에 넣는 게 민첩한 실행, 즉 애자일로 가기 위한 중요한 첫 걸음이다.

패스트 페일(fast fail) 전략을 가동하라

    가설-검증의 주기를 최소한으로 단축하려면 필연적으로 패스트 페일(fast fail) 전략을 포함시킬 수밖에 없다.

    무소속으로 기장군수에만 3선 연임한 오규석 기장군수는 행정은 느리다는 통념에 도전하고 군민의 행정 만족도를 높이기 위한 대책으로 '2018 기장 애자일 행정 프로젝트(2018 Gijang Agile government project)'를 발표했다.

    오 군수가 애자일을 도입한 바탕에는 기존 행정이 안고 있는 문제, 즉 위험을 회피하는 관행이 존재한다. 이 위험을 분석해 보면 매몰 비용에 대한 부담감과 연관이 깊다. 대개의 행정기관이 그렇듯이 거창

하고 긴 계획을 세워서 많은 비용을 투입하고 사업을 진행하게 되는데 이 때문에 검증은 거의 최종 단계에서 이루어진다. 이 정도 시간이 흐르면 이미 투입한 시간과 비용 때문에 사업 내용을 수정하기 어렵게 된다. 어떤 배짱 좋은 공무원이 이 정도로 투입한 시간과 비용을 '실패'라고 말할 수 있다는 말인가? 이런 이유로 공무원들은 위험이 될 만한 일을 꺼리고 최초의 계획대로 밀고 가려는 경향이 있다. 결과는? 나는 모른다. 시키는 대로 했을 뿐이다. 돌아오는 말은 '탁상행정'이라는 비난뿐이요, '복지부동', '철밥통'이라는 억울한 말뿐이다. 내가 그러고 싶어서 그랬나?

오규석 군수 역시 애자일 도입 배경을 이렇게 설명한다.

"많은 비용과 시간을 들여 정책이나 사업들을 완성해 놓고 일괄적으로 추진하는 기존의 행정방식은 수정과 보완이 어려워 주민들의 이해와 요구 속도를 따라가지 못했다."

일이 커지기 전에 빨리 수정할 수 있는 방법이 그래서 패스트 페일 전략이다. 매도 먼저 맞는 놈이 낫다.

패스트 페일 전략의 기본 구조는 다음과 같다.

Do → Fast fail → Learn → Redo

두(Do)는 한 번 찔러보는 과정이다. 물론 사전 조사 자료가 있으니 그에 맞게 실행계획을 설계하겠지만 원하는 결과가 나오리라는 보장은 없다. 그러나 가슴 졸이며 제발 성공하게 해달라고 기도하는 것보다는 어디가 어떻게 잘못된 것인지 빨리 실패(Fast fail)를 경험하는 게 낫다. 그런 뒤 실패를 통해 공부하고(Learn) 액션을 조정하여 다시 시도해보는 것(Redo)이 패스트 페일이다.

패스트 페일 전략은, 그러나 그 이름과 달리 전체는 실패하면 안 된다는 경영 철학을 갖고 있다. 전체가 실패하지 않기 위해서 부분의 실패를 감수하고 빠르게 조정해가는 것이 패스트 페일 전략의 핵심이다.

패스트 페일 전략은 필연적으로 단기간의 계획에 집중하게 된다. 다시 한 번 강조하지만 애자일은 당신의 3년짜리 사업계획과 무관하다. 우리는 앞에서 3년 목표와 전략, 그리고 1년치 목표와 전략 등을 짰지만 이건 전체 방향성을 의미하는 것일 뿐 애자일에 적용받지 않는다. 오히려 구체적인 실행 단위, 팀이라든가 부서 혹은 부서 내부의 작은 조직, 혹은 별도의 태스크포스(TF) 조직이 애자일 철학에 맞게 운영된다.

이들에게는 장기 실행계획이 아무런 의미가 없다. 어디로 가야 하는지 큰 틀에서 방향만 갖고 있으면 되고, 나머지는 초단기 실행 계획만 갖고 있어야 한다. 어차피 패스트 페일을 통해서 문제를 점검하기 때문에 피드백 시점 이후의 계획은 무의미하다. 일종의 시행착오적 성격을 갖고 있다고 보는 게 옳다. 미로에 갇힌 로봇 쥐는 갈림길에 설 때마다 판단을 달리하며 올바른 길을 찾아간다. 미리 출구가 어디인지 상상하고 의도적으로 그 방향을 향해 나아가는 것은 바람직한 탈출 전략이 아니다.

자율성 극대화를 위해
세 가지를 없애라

철창 안의 제한된 공간 안에 놓인 사자는 먹고 자고 어슬렁거리는 게 전부다. 반면 사파리에 들어간 사자는 할 일이 많다. 서열 다툼을 해야 하는 수컷들이 잔뜩 있고, 멀리 영역 다툼을 벌이는 호랑이 무리가 있다. 이곳에서 사자들은 자신에게 주어진 운명, 역량에 맞게 해야 할 일을 찾는다. 이동에 제한이 없고, 만남에 막힘이 없기 때문이다.

만일 애자일을 구현하고 싶다면 사무실도 철창을 없애고 사파리처럼 구성원에게 자유를 부여해야 한다. 이를 위해 3無를 제안한다.

첫째, 칸막이를 없애라.

애자일은 그 특성상 마치 태스크포스(TF) 팀 같은 느낌을 준다. '올해 안에 문제를 해결하라'가 아니라 '금주 혹은 한 달 이내에 문제를 해결하라'는 미션이 주어지며 또한 회사에 따라 의사결정 주체가 따로 없는 경우도 있기 때문에 그만큼 서로에게 아이디어와 피드백을 구하는 일이 잦다. 이동이 편리해야 한다는 말이다.

정태영 현대카드 부회장이 페이스북에 공개한 사무실은 애자일 조직을 위한 최선의 사무실 구조를 보여준다. 이 사무실의 책상은 언제든 이동이 가능하다. 임원급인 실장은 일반 직원과 같은 공간에서 칸막이 없이 함께 생활한다. 회의는 필요할 때마다 자유롭게 이루어져야 하므로 미팅 공간도 다양하게 마련되어 있다. 생각의 경직을 막기 위한 용도뿐 아니라 사람과 사람이 쉽게 자유롭게 접촉하기 위해서 이동 통로를 중심으로 사무 공간이 배치된다.

이런 공간은 자리에 가만히 앉아서 자기 일만 하도록 내버려두지 않는다. 그건 애자일에도 걸맞지 않고 사고가 경직되기도 쉬울 뿐 아니라 서로 간에 아무런 피드백도 이루어지지 않기 때문이다.

둘째, 결재라인을 없애라.

외국 사례만 있는 줄 알았더니 국내에도 결재라인을 제거한 곳이 생겼다. 이베이에서 화장품을 파는 졸스(Jolse)가 그곳이다. 졸스는 한국 화장품을 취급하는 이베이 3천 개 업체 가운데 세 손가락 안에 꼽히는 곳이다.

"온라인 사업은 온갖 이슈에 영향을 받는다. 하루 뒤처지면 늦는다는 말이 나올 정도. (그래서) 담당자가 즉각 결정하고, (결정이) 잘못됐으면 그때 가서 해결하는 식으로 운영한다."

졸스의 배정현 대표는 이렇게 말한다.

눈치 챘겠지만 그의 말에는 애자일이 요구하는 핵심적인 내용이 담겨 있다. 패스트 페일 전략이 바탕에 깔려 있고, 속도가 있다. 그리고 무엇보다 의사결정에 대한 권한이 담당 직원에게 있다. 결재라인이 없다는 말이다. 결재를 받을 필요가 없으므로 직원은 스스로 최종결정권자의 역할을 하게 된다. 자율성이 높다.

물론 결재라인을 없앨 수 없을지 모른다. 그렇더라도 가장 최소화할 수 있는 방안을 마련하고 실천하라.

셋째, 시스템을 없애라. 잘 작동하는 시스템이라면 괜찮다. 그러나 점검 결과, 시스템의 피드백이 너무 느리다면 대안이 필요하다. 고객의 피드백을 빨리 확인할 수 있도록 조정해야 한다. 기존의 완벽했던 시스템이라도 때로는 기업 발전을 저해하는 방해물이 될 수 있음을 기억하고 접근하자.

한편 노파심에 덧붙일 게 있다. '우리는 대기업과 달리 시스템이나 제도가 없어서 힘들다'고 말하는 사장이 있다. 그런데 생각해 보면 참 이상한 걱정거리다. 작은 기업은 큰 기업의 축소판이 아니다. 크기가 달라지면 구조도 달라지는 게 오히려 맞다. 대기업과 비교하여 열등의식을 가질 필요가 없으며, 도리어 작은 기업의 최대 강점, 즉 특유의 유연성을 발휘하는 게 최고의 경쟁력을 유지하는 길이 된다. '시스템을 없애라, 점검하라'고 했더니 '없앨 시스템도, 점검할 시스템도 없다'고 말하며 한숨을 쉬지 말자. 이보다 중요한 것은 의지다. 굳이 없는 시스템을 핑계 삼지 말고 애자일에 충실한 기업인지 스스로 점검하는 게 효율적이다.

지금까지 살펴본 내용은 애자일 조직을 내재화하기 위한 힌트들이었다. 그런데 이쯤에서 한 가지 궁금증이 인다. 애자일과 사업계획은 어떻게 조화를 이루어야 하는 걸까? 앞서 둘은 별개라고 이야기했지만 그건 이야기의 편의를 위한 것이었고, 실제로는 사장 입장에서도 애자일 마인드를 갖고 있을 필요가 있다. 다만 사태를 바라보는 단위가 실무자보다는 길어야 하는데 그게 3년이라는 말이다.

사장에게 요구되는
애자일 마인드

"사장의 걸음걸이는 3년을 보고 걷는 걸음이어야 한다."

만일 당신이 사장이라면 앞으로는 어디를 갈 때도 주의하기를 바란다. 당신의 걸음걸이는 3년짜리다. 당신의 호흡도 3년짜리다. 무슨 생각을 하든 무슨 행동을 하든 3년 뒤를 내다보며 지금을 평가해야 한다. 밥을 먹을 때도 이 밥이 3년 뒤에 어떤 의미인지 생각하고, 오늘 아침 조회도 3년 뒤를 생각하면 어떤 의미인지 생각해야 한다. 다음 달 회사 행사를 기획할 때도 3년 뒤를 기준으로 바라보고 월급을 지불할 때도 3년이라는 계획 아래 움직여야 한다. 주기 짧은 가설–검증을 통해 사업을 실행하고 있더라도 그 바탕에는 3년이 존재해야 한다는 말이다. 그

3년짜리 마인드는 '집토끼와 산토끼' 개념으로 바꿀 수 있다.

집토끼란 작년까지 우리 회사가 먹고 살았던 비즈니스를 가리킨다. 작년에 거둔 매출이 있다면 집토끼가 있다는 말이다. 이 집토끼에 대해서 사장은, 우리가 1장에서 잠시 언급했던 4가지 태도 가운데 하나를 취하고 있어야 한다.

유지, 확장, 축소, 폐지

만일 당신이 주유소를 운영하고 있는 사람이라면 우리는 국제유가, 경쟁업체의 서비스와 같이 경영에 직접적인 영향을 끼치는 정보 못지않게 전기 자동차의 추세에도 관심을 갖게 될 것이다. 상대적으로 전기차는 중국 시장에서 호황을 맞이할 가능성이 높다는 예측이 나오고 있으나 우리나라라고 먼 산 불구경하듯 정신줄 놓고 있지는 않을 것이다. 만일 지금과 같이 매년 새로운 전기차가 등장하고 1회 충전 시간이 단축되고 1회 충전으로 달릴 수 있는 최대 거리가 증가하고 있는 상황에서 정부가 팔을 걷어붙이고 충전소를 늘리는 데 관심을 갖게 된다면 어떨까? 단순히 시내 전용으로 구입이 이루어지던 전기차가 장거리 운행용으로도 확대된다는 기미가 보인다면 당연히 주유소 사장은 긴장하기 마련이다. 기존에 꾸준히 매출을 안겨주었던 휘발유나 등유 관련 설비는 앞으로 어느 정도까지 유지해야 하는지, 혹은 축소해야 하는지, 아니면 어느 시점을 기준으로 폐지해야 하는지 주유소 사장이라면 계획을 갖고 있어야 한다. 너무 부정적인 것만 살폈는가? 만일 전기차가 그 이름값만큼 성장세를 구가하지 못한다고 판단하고, 대신 하이브리드 차량과 같이 기본적으로 엔진을 장착한 차량의 보급이 확대되고 있다고 판단하면 이 주유소 사장은 최소 유지나 나아가 확장까지 생각해 볼 수 있다. 그러나 불행히도 도요타와 같은 주요 자동차 회사들이 기름 먹고 달리는 엔진을 포기하겠다고 발표하고 있다.

이와 같이 사장은 3년 뒤를 내다보면서 기존 사업에 대해서 4가지 태도 가운데 어떤 스탠스를 취할 것인지 판단하고 있어야 한다. 이 스탠스는 사업에 대한 사장의 근본적인 인사이트를 담고 있는 것으로, 이건 회사가 애자일을 잘 갖추었거나 못 갖추었거나 상관이 없다. 조금 더 정확하게 말하면 애자일은 이 인사이트의 바탕 위에 얹혀질 때 의미가 생긴다.

그런데 집토끼에 대한 4가지 태도 가운데 폐지와 축소에 대해서 추가적으로 알아둘 게 있다. 대개는 폐지와 축소를 능동적으로 선택하는 비즈니스맨은 드물기 마련인데 왜냐하면 지금까지 잘했던 일을 당장 내년부터 줄이거나 없애버리기로 마음먹기란 참 힘든 일이기 때문이다.

전투에서는 지더라도
전쟁에서는 질 수 없다

다음은 어느 제약회사의 비즈니스 프로파일이다.

❶ 심혈관 계통의 약 : 고혈압, 고지혈증 등

❷ 내분비 계통의 약 : 당뇨병, 신장병 등

❸ 항암제 계통의 약 : 혈액암, 위암, 간암 등

❹ OTC(Over the counter) : 의사 처방 없이 약국에서 구매 가능한 약품.

　 감기약, 마이신, 두통약 등

❺ Ethical product : 의사 처방이 필요한 약

이 정도 프로파일을 갖고 있으면 제법 규모가 큰 회사임을 짐작할 수 있다. 그런데 이 회사는 7년 전 4번 OTC를 줄이고 3번 항암제 분야를 확충하기로 결정했다.

이 결정은 직원들을 동요시켰다. 그도 그럴 것이 4번 OTC 사업부는 사내에서 가장 규모가 큰 조직이었기 때문이다. 규모가 큰 만큼 매출 비중도 가장 높았는데 전체 매출과 수익에서 절반 이상을 차지하고 있었다. 전형적인 캐시카우였다.

경영진의 축소 결정의 배경에는 '너무 낮은 생산성'이 존재했다. 인력은 많으나 1인당 생산성이 회사에서 가장 낮았다. 절대적인 비중이 높아서 회사를 먹여 살리고 있었으나 너무 비대한 게 문제였다. 구조조정이 시작되었다. 당장 새로운 먹거리를 마련하지 못한 채 조직을 변경하는 일은 회사의 분위기를 암울하게 만들기 충분했다. 회사의 인력과 조직을 항암제 분야로 전환하고, 투자를 항암제 분야로 집중했다. 회사는 갈수록 커지고 있는 항암제 시장을 위해 투자를 단행했지만 이제 막 임상실험이 시작되었다. 회사는 성패를 알 수 없는 어두운 터널을 통과하고 있었다.

그러다 4년째 되던 해 임상실험을 마친 항암제가 3종 출시되었다. 신제품은 꾸준히 호평을 얻으며 빠르게 시장에서 정착해갔다. 처음 사업전환 결정을 내린 후 7년이 되던 해, 회사는 7년 전보다 3배 높은 매출을 기록했다. 저수익의 구조가 고수익 구조로 개선되었다는 점은 더욱 긍정적인 신호였다.

이 이야기는 조금 가까이서 지켜본 경험 가운데 하나다. 나는 7년 전의 구조조정이 얼마나 힘든 작업이었는지 아직도 잘 기억한다. 그 어떤 미래도 장담하지 못한 상황에서 당장 수익원이 되는 사업을 접자는 판단은, 설령 미래에 대해 낙관적 시야를 가진 사람조차도 괴롭고 힘든 결정이었다. 그러나 최종 의사결정권자는 전투와 전쟁 가운데 어디에서 이길지 곰곰이 생각한 끝에 혁신의 기치를 세웠다.

"당장의 전투에서는 이기더라도 전쟁에서 지면 아무 의미 없다."

액션을 조정하기 위해서는
실패를 수용할 수 있어야 한다

패스트 페일은 애자일의 핵심적인 전략이다. 이 전략은 기본적으로 실패에 대한 부담을 부분이 지도록 하는 것으로, 전체는 패배할 수 없다는 생각이 반영되어 있다. 마찬가지다. 집토끼를 버리고 산토끼로 갈아타야 하는 것도 전체에서 질 수 없기 때문이다.

그렇다면 산토끼에 대해서 사장은 어떤 태도를 가져야 할까?

과감하고 신속한 결단, 치밀한 실행검증

이 두 가지는 선택사항이 아니다. 집토끼에 대한 4가지 태도 가운데 하나를 택한 사장은 산토끼에 대해서는 '결단 + 실행검증'이라는 두 가지 태도를 모두 갖고 있어야 한다. 결단은 폭포처럼 과감하고 바람처럼 신속해야 한다. 실행검증은 개미 한 마리 빠져날 수 없을 만큼 치밀해야 한다.

부분의 실패가 전체의 승리가 되기 위해서는 부분의 실패를 수용하는 자세가 필요하며, 나아가 부분의 실패를 통해 뭔가 배울 수 있는 실행검증 과정이 전체 차원에서도 필요하다. 사장은 설령 3년 전체 목표나 전략을 수정해야 할지 모른다는 부담을 안고 있더라도 목표로 설정한 3년 동안에는 지속적으로 실행을 검증하여 올바른 방향으로 갈 수 있도록 전체를 조정하는 역할을 수행해야 한다.

실제로 사장은 집토끼와 산토끼에 대한 태도를 두 종류의 표를 통해서 검증하고 조정할 수 있다. 첫째는 1장에서 만들었던 두 개의 표, 즉 비즈니스 프로파일과 프로덕트 믹스다. 이 둘은 집토끼와 산토끼를 기업 자료답게 바꾼 내용으로 구 비즈니스와 신 비즈니스의 비중이 연도별로 담겨 있는데 내년이 되면 전체 매출에서 차지하는 구 비즈니스의 비중이 줄고 신 비즈니스의 비중이 높아지도록 구성되어 있다. 따라서 짧게는 1년, 길게는 3년 계획의 전체 방향성을 확인하는 자료가 되는데 애자일의 철학을 갖고 있는 사장이라면 이 두 개의 표를 새로 써야 할 수 있음을 잘 이해하고 있을 것이다.

둘째는 대시보드다. 보통 대시보드를 쓸 때는 '매출 목표 달성' 차원에서 살피는 경향이 있다. 그러나 대시보드에서 더 중요한 것은 '계획이 제대로 작동했는지' 살피는 과정이다. 달리 말해 그냥 '결과물'이 아니라 '의도한 결과물'인지 점검하는 게 중요하다. 물론 비즈니스에서 성공 원인과 실패 원인을 분석하는 작업만큼 이견이 분분한 건 없다. 석학들이 모인 콘퍼런스에서도 현상의 원인을 두고 의견이 달라지는 광경을 우리는 흔히 목격한다. 정부 정책의 결과를 해석하는 과정에서도 이념 논쟁을 떠나 신문마다 학자마다 다 견해가 다르지 않은가.

그럼에도 회사는 자신이 가지고 있는 역량을 발휘하여 원인 분석을 시행해야 한다. 과연 이 성공의 원인은 무엇인가? 혹은 반대로 실패의 원인은 무엇인가? 이번의 시장 상황은 변화를 예측하기 힘든 뷰카(VUCA)적 상황이었는가? 아니면 예측이 가능한 시장이었는데 경쟁자에게 밀린 것인가? 고객의 마음을 사로잡는 데 실패한 이유가 무엇인가? 예상을 뛰어넘는 성과를 거두었는데 이것은 예측된 것인가, 혹은 소가 뒷걸음을 친 것인가?

이와 같이 납득할 만한 답이 나올 때까지 이유를 캐는 과정에서 회사는 많은 걸 배울 수 있다. 물론 그 배우는 내용이란 게 다음 도전의 성공에 별 영향을 끼치지 않는다고 주장하는 사람도 있다. '실패에서 배울 수 없다'고 말하는 사람들이다. 그럼에도 원인 분석 과정을 통해 사태를 여러 관점에서 바라보는 방법은 배울 수 있다. 만일 분석 과정에서 의도된 결과라는 답이 나오게 되면 이를 내년도 시장 상황 예측 자료와 결합하여 더 긍정적인 결과물을 만들어낼 가능성이 생긴다.

이와 같이 사장 차원의 3년 계획과 조직 차원의 실행 양쪽에는 모두 애자일 철학이 관여한다. 경영자는 3년 차원의 사업계획에 대해서 애자일 경영 마인드를 대입하고, 실무자는 단기적 실행에 대해서 애자일 실행 마인드를 대입한다. 동시에 경영자와 실무자가 소통을 하는 것이 애자일 경영-실행이 된다. 이를 그림으로 표현하면 다음과 같다.

┃ 애자일 경영-실행

　그리고 우리의 주제로 돌아오면, 이 그림은 우리가 어떻게 사업계획의 작동을 방해하는 인지오류 비즈버그를 없애는지 잘 보여준다. 즉 시장의 피드백에 대한 오류를 의미하는 인지오류 비즈버그는 인지의 주체를 애자일 실행 단위, 즉 실무자 차원으로 이양하는 동시에 그들에게 액션 조정에 대한 권한을 갖도록 하는 것으로 해결된다. 실무자들이 보고자의 위치에서 결정권자의 위치로 갈아타면 애자일 실행 단위(실무자)는 인지오류 비즈버그를 패스트 페일이나 피드백 과정으로 받아들여 빠르게 문제를 수정할 수 있게 된다. 대신 경영자는 3년 계획 차원에서 시장 피드백과 조직의 대응을 점검한다.

그러나 아직 우리는 실행지연과 소통중단 비즈버그, 즉 애자일 실행의 자리에 누구를 앉힐 것인지, 경영과 실행 차원의 소통은 어떻게 이루어져야 하는지 아직은 설명하지 않았다. 그에 대한 답은 차례대로 4장과 5장에서 살펴볼 것이다.

4장

생존의 조건 ❷
조직 최적화를 구동하라

•

: 실행지연 비즈버그 극복을 위한 맘스(MOMS)의 법칙 :

실행과 전략,
무엇이 먼저일까?

사무실을 이전할 때 가장 먼저 고려하는 건 다음 중 무엇일까?

❶ 직원이 모두 들어갈 수 있는 공간

❷ 교통편 등 지리적 위치

❸ 월세 등의 비용

다 중요한 요소지만 최우선순위를 골라야 한다면 그 답은 1번 같다.
지리적 위치와 비용은 최선책, 차선책처럼 고를 여지가 있지만 책상을
다 놓을 수 없는 공간이라면 처음부터 논외로 치기 마련이다.

우리는 생각보다 많은 경우에 사람을 염두에 두고 무언가를 선택하는 경향이 있다. 아무리 멋진 자동차도 가족을 다 태울 수 없으면 포기한다. 제아무리 유명한 음식점이라도 동행인들이 모두 앉을 수 있는 자리가 있는지 따진다. 너무 당연한 이야기다!

대개의 소비 활동에서 사람은 최우선적 고려의 대상이 된다. 메뉴는 바꿀 수 있지만 일행을 줄일 수는 없지 않은가?

그러나 생산 활동에서는 다른 로직이 작동한다. 고지를 점령하는 게 목표인 전투 부대가 있다면 우선 전략을 세우고, 다음 병력을 구성한다.

생산 활동에서 사람은 늘 마지막 고려 요소가 된다. 사람은 목표를 달성하기 위한 수단이 되며 이 때문에 '사람'이라는 단어보다는 용도에 맞게 '병력'이라든가 '자원' 등으로 표현을 달리한다.

- **소비 활동** : 사람을 우선하고 소비전략을 세운다.
- **생산 활동** : 전략을 우선하고 필요인력을 모은다.

그러나 이런 로직을 회사에 대입할 때 우리는 로직이 다르게 움직이는 광경을 자주 목격한다. 스스로를 혁신적인 경영자라고 생각하는 사장들조차 은연중에 자신에게 주어진 인적 자원을 염두에 두고 그에 맞게 계획을 짜는 습성이 있다. 예컨대 이런 식이다.

"우리 회사의 강점은 개발 팀이다. 나는 경영자로서 이들의 역량을 최대한 끌어낼 수 있도록 상품 개발 계획을 세워서 시장에 접근해야 한다."

"우리 회사는 물건을 만드는 기술은 딱히 내세울 게 없지만 뛰어난 영업자들을 바탕으로 매출을 잘 올린다. 지금 우리 영업자들에게 필요한 건 내다 팔 물건이다. 시장에서 반응이 조금이라도 있을 것 같은 물건이라면 닥치는 대로 들여와야 한다."

검증된 회사의 강점으로 먹거리를 마련하겠다는 생각은 지극히 자연스러운 생존 전략 가운데 하나다. 또한 이런 생각의 근원에는 '할 수 없는 일은 계획하지 않는다'는 현실적 입장도 반영되어 있다. 그래서 '선 사람(강점) 후 전략'은 그토록 강력한 힘을 발휘한다.

그러나 '선 사람 후 전략'은 당장의 먹거리를 위한 임시처방으로 종종 전락한다. 강점에 의존하려는 생각은 일견 현실적인 방안 같지만 시장의 흐름에 대해서는 안대를 쓰겠다는 뜻일 뿐 아니라 자신들이 가진 잠재력이나 도전적 목표는 의도적으로 무시하겠다는 뜻일 가능성이 높다. 딱히 이런 회사를 만들겠다는 목표가 없으니 전략도 없다. 그저 '시장이 작년과 똑같을 것이다'라고 기대하면서 어제보다 한 걸음 더 나아간다는 생각으로 하루를 보낸다.

더 큰 문제는 이런 생각들이 무의식중에 이루어진다는 점이다. 손에 '사람'이라는 퍼즐 조각을 든 채 끼워 맞출 자리를 찾고 있으면서도 스스로는 퍼즐 맞추기를 하고 있다고 여기지 않는다. 판을 벌리고 그에 맞게 사람을 찾아야 하는데 실제 행동은 정반대다. 이제 문제가 발생한다. 첫째, 사람을 생각하느라 전략을 제대로 못 짠다. 둘째, 설령 전략을 제대로 짜더라도 실행할 사람이 없으니까 전략이 폐기되거나 산으로 간다.

우리의 주제는 이제 실행지연 비즈버그 제거 문제로 넘어왔다. 이제부터는 '그 자리에 누구를 앉힐 것인가?', 즉 인력 자원 문제를 다룬다.

본론으로 들어가기 전에, 강의 자리에서 늘 강조하는 〈사업계획의 5대 원칙〉을 한번 살펴보자. 사업계획을 짤 때 지켜야 할 5가지 원칙은 다음과 같다.

❶ 연간 계획을 미션, 비전, 중장기 전략/중장기 사업계획과 연계하라

    1) 사업부문(Business Profile) & 판매제품(Product Mix)

    2) 집토끼(기존사업/거래선) & 산토끼(신사업/가망고객) 개념

❷ 사업계획의 구동역량을 확보하라

    1) 사업계획 수립/실행을 위한 핵심인력의 확보

    2) 부서장/팀장의 적극 동참과 지지

❸ 공유하고 참여시켜라 & 의사소통하라

❹ 명확한 보상(동기부여 차원)

❺ 우리 몸에 맞는(오늘이라도 당장 실천 가능한, 사용 편리한) 전략과 사업계획을 마련하라

이 가운데 ❷번이 인력 문제를 다룬다. 그런데 ❷번 구동역량의 확보는 두 가지 의미를 갖고 있다.

구동역량을 구한다는 말은, 첫째 플랜 조력자를 구한다는 뜻을 내포한다. 머릿속으로 플랜은 갖고 있으나 이를 실제로 구현하고 전략화시킬 핵심 인재의 부재 문제를 해결해야 한다는 말이다. 다행히 사업계획을 실제로 구현하고 전략화시킬 내부 핵심인력이 있으면 금상첨화다. 그러나 대개는 없을 가능성이 높다. 이 때문에 인재가 없다는 이유를 들어 사업계획을 마련하지 않거나 혹은 부실한 사업계획으로 만족하는 경우가 생긴다. 만일 내부에 핵심인력도 없고, 또 당장 구하기 힘들다면 차선책으로 내부의 부서장이나 팀장과 함께 사업계획을 마련하는 게 좋다. 앞에서 언급했듯이 부서장이나 팀장 중에는 비즈니스 역량이 우수한 구성원이 숨어 있을 수 있다. 설령 사장이 꿈꾸는 탁월한 역량의 소유자까지는 아닐지라도 부서장이나 팀장 수준이면 회사의 방향에 대한 이해도가 상대적으로 높을 수 있으므로 이들을 사업계획 작성을 위한 귀중한 조력자로 참여시켜보자.

구동역량을 구한다는 말은, 둘째 이 장의 주제인 '핵심포지션에 핵심 인재를 배치하라'는 의미도 갖고 있다. 우리가 말하려는 주제에 맞게 이 질문을 바꾸면 이렇다.

"사업계획을 성공으로 이끄는 데 필요한 핵심 포지션은 무엇이며, 이 핵심 포지션에 앉힐 수 있는 핵심 인력은 누구인가?"

다시 한 번 강조하지만 이건 순서가 중요하다.

맘스(MOMS)의
법칙

모든 회사에는 두 개의 방이 있다. 하나는 전략의 방이고, 다른 하나
는 실행의 방이다. 당신이 전략의 방에 앉아서 창을 통해 회사를 바라
볼 때 보이는 빈자리가 있다. '올해 우리는 오프라인 영업을 축소하고
온라인 마케팅을 강화해야 한다.' 이런 전략을 갖고 바라보면 '온라인
마케팅 부장(혹은 팀장)'이라는 빈자리가 보이게 된다. 그 빈자리가 핵
심 포지션이 된다.

이번에는 실행의 방으로 이동해보자. 실행의 방에서 창문을 통해 회
사를 바라보면 몇 개의 조각(직원)이 있다. '온라인 마케팅을 책임질 수
있는 사람이 누구인가?' 이때 그 빈자리에 맞는 조각이 있다면 그가 핵

심 인력이 된다.

핵심 포지션과 핵심 인력. 이 두 개의 단어는 내가 강의 현장이나 기업 컨설팅에서 가장 중시하는 키워드다. 이 단어에는 너무 많은 이야기가 담겨 있어서 3박 4일 동안 혼자 떠들 수 있는 주제이기도 하다. 왜냐하면 이 두 단어는 전략과 실행을 의미하기 때문인데 기업의 활동은 이 두 단어로 모든 게 설명된다. 예를 들어보자. 우리는 1장에서 3년간의 중장기 전략으로 다음과 같은 예시를 들었다.

❶ 가공 유제품 생산을 다각화 다품종화하여 매년 20% 성장을 유지한다.

❷ 생산자, 유통자와의 상생구조를 통한 신선식품 & 유기농 성장 엔진을 구축하고 1회용 제품(컵밥 등) 생산 판매를 통해 매출을 증대한다.

❸ 온라인 비즈니스 모델을 구축하고 2020년 매출의 70% 이상을 유지한다.

❹ 근무하기 좋은 회사로 육성 발전한다.

총 4가지의 중장기 전략에는 빈자리가 있다. 집토끼에 대한 확대 방안을 담고 있는 ❶번 전략을 보자. 이 전략에서 주요 키워드는 '다각화, 다품종화'다. 이때 '다각화'의 의미는 다소 모호하지만 만일 '원료 공급의 다각화'라고 하면 구매 역량이 필요할 것이고, '생산 거점의 다각화'라면 공장 설립 역량이 필요할 것이다. 혹은 이때의 다각화가 '수익 구조의 다각화'라면 신규 영업 개척 역량이 필요하다. '다품종화'는 비교적 의미가 뚜렷한데 품종을 늘리기 위해서는 분석된 소비 트렌드에 바탕을 두고 고객 니즈를 보다 디테일하게 쪼개서 접근할 수 있는 역량이 요구된다. 이와 같이 우리는 빈자리를 생각해 볼 수 있다.

❷번 전략에서도 핵심 포지션을 찾을 수 있다. 여기에는 비즈니스를 설계하는 과정이 포함되기 때문에 플랜을 짜고 자원을 가동할 수 있는 리더십이 요구된다. ❸번은 온라인 마케팅 역량이 빈자리가 되고, ❹ 번 근무 환경 문제는 다소 예외로 두고 싶은데 이건 사장의 관심이 매우 중요한 영역이기 때문이다. 회사 분위기, 근무하기 좋은 환경은 사장의 의지와 철학에 따라 달라진다(이때의 빈자리를 사장의 역량으로 채워야 할 자리라고 말할 수도 있고, 또는 사장 가까이서 조직문화 구축과 경쟁력 있는 보상을 실현할 수 있는 인재를 앉혀야 할 자리라고 말할 수도 있다.).

이와 같이 핵심 포지션은 전략과 떨어질 수 없다. 전략을 세웠다는 말과 핵심 포지션을 정했다는 말은 거의 동시적이다. 그러나 조금 더 분명히 하기 위해 이 과정을 별도의 단계로 인식하는 게 바람직해 보인다. 만일 전략을 세웠다면 이렇게 자문해 보자.

　– 나는 내게 주어진 자원을 염두에 두고 전략을 짠 건 아닐까? 만일 더
　　나은 인력이 있다면 전략은 바뀔 수도 있을까?
　– 전략을 짜면서 필요한 역량을 빈자리로 남겨 두었는가?

어떤 질문이든 상관없다. 핵심은 무심결에 '선 사람 후 전략'을 따랐

는지 체크하는 데 있다.

순서에 따라 핵심 포지션 정하기가 끝나면 우리는 핵심 포지션에 앉힐 핵심 인력을 찾게 된다. 자리를 비우는 게 전 단계에서 중요한 과정이었다면 이제는 자리를 채우는 게 중요한 과정이 된다. 최종적으로 핵심 포지션에 핵심 인력을 앉혔다면? 이제는 플랜을 실행하면 된다. 닻을 올려라!

그러나 실행의 첫 단계인 빈자리 채우기는 생각만큼 쉬운 과정은 아니다. 아마도 경험이 있을 것 같다. 나름 알아주는 인재라고 영입했는데 회사에 적응하지 못하고 금세 뛰쳐나간 적이 있을지 모른다. 나름 신경 써서 교육도 시키고 다양한 경험을 쌓게 하는 등 커리어를 관리해준 직원인데 더 좋은 곳에서 제안받았다며 훨훨 날아간 경험이 있을지 모른다. 더 큰 문제는 따로 있다. 사람을 제때 키우지 못하거나 혹은 제때 수혈하지 못해서 모처럼 작심하고 세운 전략이 꽃을 피우기 전에 시들어 버리는 경우를 우리는 얼마나 많이 경험하는가?

빈자리 채우기는 전략을 짜는 일만큼이나 사장에게 중요하고 고유한 업무 가운데 하나다. 최종 인사권자가 당신이기 때문이다. 빈자리 채우기를 위해 나는 '맘스(MOMS)의 법칙'을 제안한다. 맘스의 법칙은 다음과 같이 총 4가지 과정으로 구성되는데 전략의 실행을 위해 인력을 탐색하고 성장시키고 배치하여 일을 맡기는 모든 과정을 아우르고 있다.

- M : matching(매칭)

- O : one-layer(1단계 계층)

- M : movement(이동)

- S : selection(선택)

하나씩 살펴보자.

Matching
조직도가 제대로 작동하는가?

맘스의 법칙 첫 번째는 매칭(Matching)이다. 매칭이란 핵심 포지션에 핵심 인력을 앉힌다는 뜻으로, 매우 연원이 오래된 숙제다. 전략이 회사의 방향을 결정한다면 매칭은 실행을 결정한다.

모든 회사는 매칭 문제를 해결하기 위해서 '조직도'를 갖고 있다. 인적 자원을 어떤 형태로 배치해야 가장 효율적으로 목표에 도달할지 그 내용을 담고 있는 게 조직도다.

나의 관심사는 회사에서 실제로 벌어지는 일에 있다. '우리 회사는 이런 철학으로 경영합니다.'라는 사장들의 입 발린 말을 나는 믿지 않는다. 대개 그런 말은 보여주기 위한 말인 경우가 많기 때문이다. 그래서 조직도도 의심한다. 실제로 조직도는 조직도가 아닌 경우가 흔하다. 공식적으로 존재하는 조직도와 실제로 작동하는 조직도 사이에 괴리가 있다. 그 이유를 알고, 이를 바로잡는 것이 매칭을 위한 첫 걸음이다.

유능한 협상가들은 실세가 누구인지 냄새를 잘 맡는다. 상대가 결정권을 갖고 있지 않다고 판단되면 협상을 중단하고 뒤에 숨은 실세를 찾으려고 한다. 이 협상가에게는 조직도란 그저 형식적인 것에 불과하다. 사장이 그 뒤에 있는지도 모른다. 혹은 사장 말고 다른 누군가가 힘을 발휘하고 있는지 의심된다. 그를 찾아야 한다. 어떻게 찾을까? 회사 담당자와 술 한 잔 기울이면서 발자국을 찾는다. 부사장의 이름이나 사장의 가족 혹은 친척이라는 누구, 혹은 창업공신으로 알려진 어느 이사의 이름이 등장한다. 수사관들이 여러 화제를 넘나들며 상대의 정신을 쏙 빼놓듯이 이 협상가도 여러 이야기를 맥락 없이 던지면서 한 걸음씩 다가선다.

"아니, 그래서 사장님 아드님이 이 회사를 다니신 지 4년이 넘었다고요?"

회사 담당자는 자신이 그런 얘기를 했었는지 잘 기억이 나지 않는다. 그러나 아들이 다니고 있는 건 사실이 아닌가?

"4년은 아니고, 3년 정도 됐을 겁니다."

퍼즐이 맞춰진다. 이 회사의 실세가 모습을 드러낸다. 이제 남은 건 실세를 공략하는 방법이다.

아마도 대개는 사장이 대부분의 결정권을 쥐고 있을 것 같다. 그가 '물을 손에 들고 있다'면 그럴 것이다. 반면 사장 말고도 누군가 물을 들고 있는 경우가 있다. 실제로는 빈 바가지일 뿐이지만 사람들은 그 속에 물이 들어 있을 것이라고 여긴다. 사장의 가족이거나 혹은 창업공신인 경우 이런 일이 벌어진다.

의도적이든 아니든 사장이 용인했기 때문에 벌어진 일이지만 몇몇 실세가 조직도를 무시하고 회사의 결정권 일부를 자기 뜻대로 조종한다. 회사 사람들은 이미 누가 실세인지 잘 알고 있을뿐더러 일부는 줄을 서고 있다.

이 회사의 공식적 조직도가 아무리 세계 최고의 회사를 닮아 있더라도 우리는 이 회사가 세계 최고의 회사가 될 수 없다는 사실을 잘 안다. 이유는? 핵심 포지션에 사람을 앉혀도 그가 자기 역량대로 일할 수 없음을 알기 때문이다. 이것이 첫째 문제다.

둘째 문제가 있다. 소설가 김훈은 〈칼의 노래〉에서 이렇게 말했다.

"가장 강한 것이 가장 약한 것이다."

이 말을 풀어보면 이렇다.

"가장 강하다고 믿고 있는 조직 형태나 가장 잘한다고 믿고 있는 인력이 실제로는 가장 강한 게 아닐 수 있다. 왜냐하면 노를 저어 항해를 할 때 유능했던 인력 혹은 조직이 등산을 할 때도 마찬가지로 유능하다고 말할 수 없기 때문이다."

어제 우리는 100미터 달리기 대회에 참가하여 1등이라는 쾌거를 달성했다. 그런데 내일 경기는 마라톤 대회다. 어제 1등을 쟁취한 방식으로 우리는 내일 경기에서도 승리할 수 있을까?

(어제) 가장 강한 것이 (내일) 가장 약한 것이다. (어제) 인재가 (내일) 성공을 보장하지 못한다. 새로운 경기에는 새로운 선수가 필요하다.

매칭의 둘째 문제는 '매칭'의 본래 의미와 관련이 깊다. 매칭이란 맞는 자리에 맞는 조각을 끼워 맞춘다는 뜻이다. 이건 일을 잘하는 것과는 다른 의미다.

당신의 회사에는 일을 잘하는 사람이 있다. 당신의 회사에는 일을 잘한다는 사람이 지원한다. 당신은 일을 잘할 것 같은 사람을 뽑고, 일을 잘했던 사람을 보다 중요한 자리로 이동시킨다. 이때 '일을 잘한다'는 평가는 성과를 의미한다. 과거에 성과를 올렸으니 내일 성과를 올릴 것이라는 생각이다. 현실적인 의미에서 이는 반쪽만 보고 평가를 내린 것이다.

이보다 더 중요한 건 자리에 맞는 역량을 갖추고 있는가 하는 점이다. 굳이 우선순위를 따진다면 핵심 포지션이 필요로 하는 역량을 먼저 점검하고, 그 다음이 이전 역할에서 성과를 올렸는지 체크해야 한다. 역량이란 일정 성과를 예측하는 지표이고, 성과란 역량의 결과물이기 때문이다.

당신이 도전하는 시장은 어제의 시장과 다르다. 규모가 다르고, 분야가 다르며, 고객(니즈)이 다르고, 상품이 다르다. 무엇보다 시간이 다르다. 세모가 네모가 되었는데 여전히 세모 조각을 들고 꿰어 맞추려고 한다. 다행히 세모였던 조각이 네모가 될 만큼 다재다능한 인재라면 이야기가 달라질 수 있지만 그건 사장이 잘한 게 아니다. 그 인력의 놀라운 변신력 덕분에 얻은 행운일 뿐이다.

　매칭의 의미를 기억하라. 필요로 하는 역량이 무엇인지 파악해야 된다. 그래야 조직도가 바르게 작동한다.

준비된
사수로부터

매칭에 대한 기본적인 인식이 갖춰졌다면 이제 실제 매칭을 할 시간이다. 우리의 전제는 올해 사업계획이 3년 전략의 일부라는 점이다. 3년 전략은 다음과 같다.

- **3년 전략** : 온라인 비즈니스 모델을 구축하고 2020년 매출의 70% 이상을 유지한다.

〈3년 전략〉에 따른 〈연도별 매출 목표〉는 다음과 같다.

- **1년 차** : 온라인 매출을 2018년 매출의 30% 이상 달성

- **2년 차** : 온라인 매출을 2019년 매출의 50% 이상 달성

- **3년 차** : 온라인 매출을 2020년 매출의 70% 이상 달성

이 목표를 달성하기 위해 〈연도별 인력 공급 계획〉도 짠다.

- **1년 차** : 온라인 마케팅부 신설, 온라인 비즈니스 모델 구축 및 가동

- **2년 차** : 오프라인 영업부 축소 및 온라인 마케팅부 인력 추가 배치

- **3년 차** : 오프라인 영업부와 온라인 마케팅부 인력 비율 3 : 7로 최종 구성

3년 전략과 연도별 목표 및 실행계획을 수립할 때는 인력 공급 계획도 함께 짜야 한다. 이때 인력 공급 계획을 실행하기 위해 도움이 되는 것이 '레디(Ready)' 설계다. 예컨대 사내 인력을 '준비된 수준(ready level)'에 따라 다음과 같이 분류한다.

- R_n (Ready Now, 레디 나우) : 당장 투입 가능한 인력

- $R_{1\sim2}$ (Ready 1~2, 레디 원투) : 1~2년 뒤 투입 가능한 인력

- $R_{3\sim5}$ (Ready 3~5, 레디 쓰리파이브) : 3~5년 뒤 투입 가능한 인력

이를 표로 바꾸어 보자.

Ready level	부서장	마케팅 전략 과장	온라인 홈페이지 관리 과장
R_n(Ready Now)	가병철		
$R_{1\sim2}$(1~2년 내 투입 가능)		나대식	라춘기
$R_{3\sim5}$(3~5년 내 투입 가능)	나대식	다홍구	

〈온라인 마케팅부서〉

 표를 보면 온라인 마케팅부서는 ❶ 마케팅 전략과와 ❷ 홈페이지 관리과로 나뉜다. 그리고 총괄 매니저로 부서장 자리가 있다. 부서장 자리에는 현재 '가병철'이 레디 나우(Rn)의 위치에 있다. 가병철은 당장 자리에 앉혀도 될 사람이다. 나대식은 아직 역량은 안 되지만 3~5년 뒤에는 부서장 역할을 할 수 있을 것으로 기대된다. 마케팅 전략 과장 자리와 홈페이지 관리 과장 자리 역시 이런 식으로 해당 회사에 근무하는 사람들의 역량을 평가하여 자리를 배치한다.

 물론 빈자리도 존재한다. 특히나 신사업이라면 빈자리가 존재할 수밖에 없다. 일단 빈자리는 그대로 두자. 내부에 있는 인력이라고 아무나 앉히려고 하면 그게 '선 사람 후 전략'이 된다. 비슷한 사람이라고 무작정 앉혀도 곤란하다. 지금까지 일을 잘했으니 맡겨보자는 식으로 앉혀도 문제다. 이때는 외부 수혈을 생각해 본다. 회사 밖에서 인물을 물색하여 데리고 오는 방안을 시도하자. 인력 시장을 싹 다 뒤졌지만 그럼에도 사람을 구할 수 없을 수 있다. 그때는 계획을 접는 방안까지 고려해야 한다. 당신은 2군 수준의 투수를 데려다가 선발을 맡겼다는 프로야구단 얘기를 들은 적이 있는가?

오늘날 삼성이 반도체 최강자가 될 수 있었던 것은 이건희 회장의 핵심 인력에 대한 의지 때문이다. 반도체 전쟁이 벌어지던 시절 이건희 회장은 전 세계를 다 뒤져서라도 핵심 인력을 찾으라고 지시했다. 물론 돈이 얼마나 들건 그건 개의치 말라고 단서도 붙였다. 오늘날 여러 나라 여러 기업에서 나노 단위의 반도체를 만들지만 여전히 삼성이 반도체 분야에서 1위 자리를 지키는 건 이건희 회장이 데려온 핵심 인력들이 여전히 삼성에서 일하기 때문이다. 똑같은 반도체여도 삼성의 품질은 비교할 수 없을 만큼 뛰어나다. 삼성 이야기가 우리에게 주는 교훈이 있다. 핵심 인력이 최소한 경쟁자를 이길 수 있을 만한 수준이 되어야 한다는 사실이다.

위의 표에서 나는 레디 쓰리파이브($R_{3\sim5}$)까지 표기했으나 사업계획에 따라 레디 원투($R_{1\sim2}$)에서 그쳐도 무방하다. 그러나 레디(Ready) 설계를 생략하는 건 곤란하다. 레디 설계는 '준비된 사수로부터' 투입을 개시하여 계획을 성공시키자는 의지를 담은 인적 자원 관리 계획이기 때문이다. 레디 설계는 실행 계획을 위한 초석이 되므로 이게 없다는 말은, 곧 전략이 없다는 말과 하등 다르지 않다.

레디 설계를 마치면 핵심포지션에 핵심인력을 앉히고, 조직표상의 핵심포지션 공란에 핵심인력의 이름을 등재한다.

조직도는 과거의 성과를 반영한 영광의 트로피가 아니다. 예전에 잘했으니까 그에 대한 보상으로 진급을 시키는 게 아니라는 말이다(진급이 보상이 되는 순간, 회사는 과거의 영광만을 재현하려는 조직으로 퇴보하고 만다.). 대신 조직도는 이 회사의 미래에 대한 의지가 반영되어야 한다. 나아가 이를 통해 사장이 어떤 생각을 갖고 있는지 회사 전체에 메시지를 전달하는 방편으로 삼아야 한다. 그게 레디 설계를 조직도에 반영시키라는 말의 속뜻이다.

One-layer
보고 계층을 줄여라

맘스(MOMS)의 법칙 두 번째는 원레이어(One-layer)다. 보통 기업 현장에서 리포팅 레이어라는 표현을 쓴다. '보고 체계' 혹은 '보고 계층'이라고 불리는 것으로 사원이 과장에게, 과장이 부장에게, 부장이 임원 혹은 사장에게 결재를 받는 계층 시스템을 의미한다. 그런데 나는 이 리포팅 레이어를 하나(one)로 줄이자고 제안한다.

원레이어라는 말에는 여러 의미가 포함된다. 첫째, 앞서 애자일 조직을 설명하면서 결재라인을 없애라는 얘기도 여기에 속한다. 실행 차원에서 이루어지는 일들은 결정권을 해당 조직이나 담당자에게 이관한다. 사장은 사후 보고만 받는다. 둘째, 해당 조직 자체를 애자일의 스크럼 조직, 수평 조직화하여 자율적으로 의사결정을 하도록 유도하는 방법도 가능하다. 해당 조직의 수장이 따로 없기 때문에 조직원들은 수평적 관계에서 자율적으로 의사결정을 하게 된다. 이처럼 원레이어를 극단까지 확장하면 권한을 갖고 있는 직원 개개인이 자율적으로 회사를 꾸리는 방식으로 나아가게 된다. 이와 같이 하는 이유는 뭘까? 최대한 현장의 목소리를 많이 반영하기 위해서다.

셋째, 원레이어의 액면가 그대로의 의미이자, 보다 애자일에 대한 거부감을 줄이고 우리가 시행할 수 있는 최소한의 방안이 있다. 실무를 담당하고 있는 핵심 인력이 최종결정권자인 사장에게 직접 결재를 받는 방식이다.

물론 독대해야 한다는 말과는 좀 다르다. 임원이 없는 회사라면 실무 담당 인력이나 실무팀장이 사장과 독대해도 문제가 없다. 그러나 버젓이 임원이 있거나 혹은 과장이 실무자일 때는 오해의 소지가 생길 수 있다. 이때는 기존에 사장에게 결재를 받았던 사람이 실무자와 함께 자리를 하는 것이 좋다. 어떤 식이든 실무자가 사장과 만나는 시간은 반드시 필요하며, 이런 생각을 반영한 것이 액면가 그대로의 '원레이어'다.

그렇다면 원레이어는 왜 필요할까? 앞서 첫째와 둘째 원레이어의 의미는 살폈으므로 여기서는 세 번째의 의미만 살펴보자. 기업의 활동을 물리적인 운동으로 바꾸어서 말하면 방향과 속도, 힘 세 가지 때문이다.

첫째, 방향 문제다.

내가 해당 분야 책임사원으로 근무했던 어느 호텔의 회장은 나에게 직접 결재를 받으러 오라고 부르고는 했다. 보통은 과장, 부장, 임원을 거쳐 기안이 올라가고 임원이나 사장이 회장에게 최종적으로 결재를 받게 된다. 그런데 내 경험에 따르면 직접 결재는 몇 가지 장점이 있었다. 하나는 회장 입장에서 최대한 현장의 목소리를 들을 수 있다는 점이다. 실제로 그 호텔의 회장은 현장 목소리에 대한 궁금증이 많아서 기안을 올린 실무자와 직접 대면하기를 희망했다.

이 말은 무슨 뜻일까? 회장이 결재 라인에 배치된 인력들을 믿지 못했다는 말인가? 반은 맞고 반은 틀린 말이다. 회장은 중간에 위치한 사람들의 선한 의도 자체는 믿었다. 그들이 일부러 회사를 망치게 하려고 한다고는 생각지 않았다. 그러나 의도하지 못한 실수가 존재할 수 있다는 점에서 회장은 사람들을 믿지 않았다.

그의 판단에 따르면 최초의 정보 수용자는 눈과 귀와 코와 피부 등의 오감을 통해서 정보를 흡수하게 되고, 이를 말이나 글을 통해서 타인에게 전달하는데 이렇게 입에서 흘러나온 정보가 타인의 귀로 들어가는 과정에서 무의식적인 오류나 왜곡이 발생할 여지가 생긴다. 아니, 여지 정도가 아니다. 여러 명의 귀와 입을 거친 정보는 이미 오염된 정보라고 보면 크게 틀림이 없다는 것이 회장의 생각이다.

"입과 귀를 거치게 되면 모든 정보는 오염된다."

'사람은 자신이 보고 싶은 것만 보려고 한다'는 오랜 격언을 우리는 알고 있다. '보고 싶은 것'이란 '믿고 싶은 것'이 될 수도 있고, '기대하는 어떤 것'이 될 수도 있으며 혹은 '감추고 싶은 것'이 될 때도 있다. 10명의 사람이 현장을 다녀와서 소감을 밝히는 것이라면 크로스 체크를 통해서 오염을 제거할 수 있으나 현장을 다녀온 1명에게서 시작된 정보가 10명을 거쳐 최종적으로 내게 도달했다면 오염은 걷잡을 수 없이 커지고 종국에는 말을 옮긴 사람들의 공통적인 기대치만 남을 수 있다. 아무리 정보와 해석에 대해서 공정한 태도를 유지하려고 노력하더라도 말이다. 이밖에도 상사나 회장에게 잘 보이고 싶어서 일부러 정보를 과장하거나 축소하는 경우가 있음을 우리는 잘 알고 있다. 어떤 식이든 정보는 입맛에 맞게 왜곡될 가능성이 존재한다.

사장은 현장 목소리를 직접 들을 수 있어야 한다. 그래서 실무자 대면 시간을 가져야 하며, 설령 실무자가 상사와 함께 동석하고 있더라도 그가 최대한 자기 생각이나 느낌을 전달할 수 있도록 배려해야 한다. 동시에 사장은 실무자가 상사의 눈치를 볼 수 있다는 점을 감안해야 하고, 실무자가 사장에게 잘 보이기 위해 하는 말인지 가려들을 수 있어야 한다. 동시에 사실과 해석을 구분해야 한다. 복잡하고 어렵지만 그렇게 하도록 노력해야 한다. 그래야 눈 뜬 장님 신세를 면할 수 있다.

만일 당신이 이렇게 하지 않으면 최초에 실무자가 느낀 현장의 정보는 방향이 달라진다. 우측을 가리키고 있던 정보가 좌측으로 바뀌었다면 설령 달리는 속력 자체는 똑같더라도 벡터값, 즉 일정한 방향에 대한 속력값인 속도는 때로 0이나 마이너스가 된다.

평범성의
오류

둘째, 속도 문제다.

일단 물리적으로 따져 봐도 여러 명에게 결재를 받으면 그만큼 최종 결정까지 시간이 너무 오래 걸린다는 걸 알 수 있다. 다 아는 얘기다. 그러나 이 속도 문제의 본질에는 더 큰 문제가 있다. 단순히 결정 속도가 더디다는 문제 외에도 결정 과정에서 보수적 성향이 개입한다는 점이다. 예컨대 사원이 과장에게 결재를 받으러 갔더니 이렇게 말한다.

"다 좋은데 말이야. 이것만 빼자고. 이건 부장님이 싫어하실 거야."

처음 10개의 혁신적이었던 기안이 하나둘씩 빠지면서 나중에는 무난해 보이는 2~3가지의 아이디어만 남는다. 여러 사람의 손길이 닿으면서 생기는 '평범성의 오류'다. 처음 특별해 보이는 것도 여러 명의 취향을 거치면 날카로움이나 매력은 반감된다. 불만족한 부분은 모두 제거되지만 그렇다고 딱히 만족스럽지도 않다. 무난함만 남는다.

　문제는 이렇게 무난한 몇 가지 사안만 남게 되면 사장은 이밖에도 해야 할 일이 눈에 보이게 되고, 여기에 뭔가를 더 추가하라고 요구할 가능성이 커진다. 기안이 오르락내리락한다. 시간이 경쟁력 아닌가? 그런데 결재 라인을 거치면서 계속 '무난함'으로 수렴되고 있는 기안 때문에 속도는 늦춰진다. 어느 자동차회사는 얼마 전부터 중역회의에서 '신차 디자인 개발회의'를 개최하지 않겠다고 선언했다. 참신한 신차 디자인 아이디어가 중역회의를 거치면서 보수적으로 변하는 현상, 시장의 트랜드를 반영하지 못하는 현상을 수뇌부에서 받아들였기 때문이다. 실제로 중역회의를 거쳐 결정한 신차 디자인은 시장에서 참패하는 결과로 이어지곤 했다. 대신 신차 디자인만큼은 디자인개발팀의 제안사항을 중역회의 없이 사장과 직접 소통, 결정하는 시스템을 도입했다.

　이와 같이 원레이어는 속도 문제를 해결해준다. 그러나 단지 원레이어로 바꾼다고 다 되는 건 아니다. 사장은 보고자나 기안자의 의견 가운데 설령 얼토당토하지 않은 의견이 담겨 있어도 이를 대수롭지 않게 받아들여야 한다. 대신 날카로움이나 매력을 발견하려고 노력해야 한다. 뭔가 발견했으면 설령 최초 가이드에서는 제거하기로 했던 항목이라도 융통성을 발휘하여 디벨롭을 지시할 수 있다. 덕분에 단시간 안에 판을 흔들며 빠르게 전략을 수정하거나 계획을 변경할 수 있다. 경기도 어느 강소기업은 매주 화요일 아침에 영업전략회의를 연다. 마침 나는 인사경영컨설팅을 해주고 있던 터라 회의에 참석할 기회가 있었다. 그날 아무개 영업과장이 한 가지 흥미로운 제안을 던졌다. 회사와 고객이 그동안 맺어왔던 관계를 재편하여 고객에게 더 많은 이윤을 안겨주는 게 곧 '회사와 고객의 윈윈 방안'이라는 주장이었다. 그러나 영업과장의 의도와는 다르게 회의실 분위기는 얼어붙었다. '바꾸자'는 내용은 늘 불확실성 안으로 뛰어들어가야 하는 문제이기 때문에 누구도 섣부르게 환영하기는 힘들다. 더욱이 영업과장의 제안대로라면 단기적으로 회사는 수익 감소를 감수해야 한다.

그런데 사장이 그 아이디어를 무시하지 않았다. 사장은 고민해 볼 만한 아이디어라고 판단하고 추가적인 미팅을 지시했다. 거의 1주일 동안 갑론을박이 벌어졌고, 끝내 회사는 영업과장의 제안을 회사 정책으로 받아들였다. 6개월 후 결과는 대성공이었다. 매출은 30% 증가했고, 덩달아 수익은 20% 증가했다.

무엇이 얼토당토않은 의견인지는 아무도 모른다. 다만 최종의사결정권자가 아래에서 올라오는 아이디어를 어떻게 다루느냐에 따라 원 레이어는 힘을 얻게 된다.

대개 사장과 실무자가 만나는 시간은 사장으로서는 현장의 목소리를 들을 수 있는 시간이자 내가 생각지 못했던 아이디어를 만나는 시간이 된다. 실무자 입장에서는 사장의 인사이트나 경험을 배울 수 있는 시간이다. 단순히 보고받고 결재해주기 위한 자리로 활용하지 말고 사장의 생각을 공유하고, 실무자의 영감에 불을 지필 수 있는 시간으로 바꾸면 업무 속도는 더욱 빨라질 수 있다.

셋째, 힘의 문제다.

만일 사장이 과장을 불러서 이야기를 나눈다고 해보자. 어제도 불러서 독대를 했는데 오늘도 1시간이나 독대를 했다. 무슨 이야기가 오고 갔는지 잘 모르지만 아무래도 이번 프로젝트와 연관이 깊은 얘기일 것 같다. 혹시 과장이 사장의 친척인가? 그건 아닌 것 같다. 그러면 사장이 약점을 잡혔나? 그건 오버다. 그럼 뭐지? 왜 사장이 과장을 예뻐하는 거지?

회사에는 금세 이상 분위기가 감지되고 과장에게 함부로 얘기하기 어려운 분위기가 만들어진다. 사장의 손길이 닿는 순간부터 과장의 머리에는 영광의 빛이 반짝인다.

사장의 이런 행동은 금세 두 가지 효과를 불러온다. 하나는, 핵심 인력에 힘을 실어준다. 이 경우, 과장이 부장에게 도움을 청하면 부장은, 조금 자존심이 상할 수는 있으나 그렇다고 딱히 거절하지도 못한다. '지금 이 과장은 사장의 지시를 직접 받고 일을 하잖아!' 둘은, 이제 사장의 메시지를 조금씩 이해하게 된다. 단순히 과장에게 힘을 실어주려는 게 목적은 아니다. 사장은 금번 프로젝트의 성공에 대해서 관심이 많다. 그 프로젝트는 중요하다!

핵심 인력에게 힘을 실어주는 것도 중요하다. 그러나 무엇보다 회사 전체에 메시지를 전달하는 것은 더 중요하다. 메시지를 전달하는 방식으로 원레이어는 매우 효과가 뛰어나다. 왜냐하면 그건 말로 하는 게 아니고 행동으로 보여주는 것이기 때문이다.

원레이어가 안겨주는 세 가지 효과를 기억하자. 방향과 속도와 힘은 역학에서 매우 중요한 세 가지 요소로 전략의 실행에서도 중요한 요소를 이룬다. 원레이어가 실행에 효과적인 이유다.

Movement
직원 성장 잠재력을 평가하라

맘스의 법칙 세 번째는 무브먼트(Movement)다. 첫 번째, 두 번째 요소인 매칭과 원레이어가 핵심 인력을 관리하고 그에게 힘을 실어주는 방법과 연관이 깊다면 세 번째, 네 번째 방법은 회사 전체의 인력 관리와 관련된 문제다. 특히 세 번째 요소인 무브먼트는 직원 관리 방법의 전형을 보여준다. 핵심 인력을 선발하고 배치하는 문제는 결국 전체 직원 관리라는 큰 그림 안에서 이루어지는 것이므로 레디 레벨(Ready level)과 함께 활용하면 도움이 되리라고 생각한다.

무브먼트의 정확한 표현은 '무브먼트 포텐셜(movement potential, 성장잠재력)'이다. 개별 직원이 어느 정도까지 성장할 수 있는지 가늠하는 표다. 레디 레벨이 핵심 포지션이라는 빈자리를 기준으로 인력의 역량 적합성을 체크하는 활동이었다면 무브먼트 포텐셜은 인력을 기준으로 그들의 성장 잠재력을 추적하고 관리하는 활동이다.

무브먼트 포텐셜은 잠재력에 따라 다음과 같이 4개의 등급으로 구분한다.

- M1 : 임원 이상 진급할 수 있는 사람
- M2 : 임원은 힘들지만 지금 업무는 잘하고 있고, 추가적으로 실무를 맡길 수 있는 사람
- M3 : 현재 하는 일에 문제가 있어서 다른 일을 맡겨야 하는 사람
- M4 : 조치가 필요한 사람

임원을 할 수 있는 사람이란 어떤 사람을 말하는 것일까? 2016년 12월 나는 〈리더의 탄생〉이라는 책을 출간하며 임원이 되기 위한 5가지 역량을 '파이브 피(5P)'로 압축하여 소개했다. 이 가운데 가장 첫 번째로 꼽은 리더의 자질이 플랜(plan)이다. 플랜을 못 짠다? 플랜을 통하여 미래를 자기 것으로 만들지 못한다? 그가 아무리 뛰어난 인재라고 해도 임원이 되기는 힘들다는 게 내 생각이다. 예컨대 사장이 인도 시장 개척에 뜻을 두고 있다면 임원은 진출 전략을 짜야 한다. 그런 일을 하라고 뽑은 사람이 임원이기 때문이다. 참고로 파이브 피(5P)를 소개하면 다음과 같다.

- **플랜**(Plan) : 미래 주도력 확보하기

- **폴리틱스**(Politics) : 전사적 이익을 위하여 협업하기

- **프랙티스**(Practice) : 과정을 지배하고 성과를 창출하기

- **피플**(People) : 사람에 투자하기

- **포인트**(Point) : 핵심을 말하고 핵심을 전달하기

당연하게도 M_1으로 분류되는 사람은 부장 직급일 가능성이 높다. 그러나 무브먼트 포텐셜이 지닌 진짜 의미는 임원 후보로서 부장을 평가하라는 뜻일 뿐 아니라 동시에 회사 전체 직원에 대해서 그들이 가진 잠재력을 평가하라는 데 있다. 그러므로 때에 따라 과장이나 대리 등도 M_1으로 분류할 수 있다.

그러나 현실적인 의미에서 누가 임원이 될 것인가 하는 문제는 조금 의미가 다르다. 우리가 활동하는 기업 현장에는 이밖에도 인맥의 부정적인 라인 문제, 아부의 전형인 브라운 노우즈(brown nose) 문제 등 다양한 변칙성이 존재한다. 만일 이런 변칙성이 원칙을 훼손시킬 만큼 크게 작용한다면 그때 회사 내부에 병목 현상이 발생한다. 아무리 잘 봐야 M_2 등급인 사람을 M_1으로 평가하여 그를 임원 자리에 앉히게 되면 실력을 갖춘 인재가 뒤에서 대기하게 된다는 말이다.

생각보다 많은 경우에 창업공신이 병목 현상의 주범인 경우가 목격된다. 창업 당시, 어려움을 함께 나누고 고통을 견디며 회사가 궤도에 진입하는 데 나름 공을 세운 사람들이 있을 수 있다. 당연히 사장으로

서는 고마움을 느끼고 있고, 실제로 애를 썼으므로 그들을 중요한 자리에 앉힌다. 그런데 세상이 변하듯 사람도 변한다. 사장이 그를 중요한 자리에 앉혔을 때는 이제 더 큰 일을 도모하자는 것이 가장 큰 목적이나 더 이상 힘든 일이 싫어졌는지 혹은 역량이 부족한지 권력만 남용하려고 하고, 비즈니스의 확대나 성숙에는 무관심해진다. 혹은 창업 시절의 방식만 고수하여 새로운 비즈니스에 걸림돌이 되기도 한다(때로는 갑질하는 그 창업공신이 사장 자신인 경우도 더러 있다.). 만일 누군가 걸림돌이 된다면 지금, 메스가 필요하다.

M2의 경우, 만일 이런 평가를 받은 사람이 부장이라면 그는 부장 이상 진급이 힘들다. 과장이라면 부장까지 진급이 가능하다. 그러나 임원까지 맡기기에는 위에 제시한 파이브 피(5P) 가운데 결격 사유가 존재한다. 그러나 M2는 현재 업무를 잘 수행하고 있기 때문에 실무자로서는 한 사람의 몫을 감당할 수 있을 만큼 충분히 훌륭한 사람들이다.

M3는 안타깝게도 자기 업무에서 성과를 만들지 못하는 사람들이다. 3년 중장기 전략을 세울 때 인사이동이 종종 벌어지는데 M3의 경우, 조직 내에서 상대적으로 비중이 덜한 보직으로 이동하는 것을 많이 볼수 있다. 또한 새로운 자리로 전보된 사람에게서 이런 경우가 자주 발견되는데 새로운 업무가 손에 익지 않았다면 기다릴 수도 있겠지만 부적응이 지속되면 자리 이동을 생각해야 하는 그룹이다.

M4, 이들이 가장 큰 문제다. 이들은 존재 자체가 회사에 마이너스가된다. 그런 사람이 없기를 바라야 하고, 또 성장의 기회, 적응의 기회를

제공하는 게 옳겠지만 그래도 어렵다면 어떤 식이든 조치가 필요하다.

사장은 이와 같이 4가지 등급에 맞게 직원을 평가해야 한다. 아래는 하나의 샘플이다.

부서	직급	이름	등급
개발부	부장	가병철	M_2
	과장	나대식	M_2
	대리	다홍구	M_3
	사원	라춘기	M_4
	사원	마봉추	M_2
기획부	부장	바현태	M_1
	과장	사민석	M_2
	대리	아동호	M_4
	사원	자장길	M_3
	사원	차평석	M_1
영업부	부장	카민규	M_3
	과장	타호경	M_2
	대리	파정민	M_2
	사원	하을동	M_2

〈무브먼트 포텐셜(성장잠재력) 샘플〉

회사 규모에 따라 과장 이상만 평가하거나 혹은 대리 이하는 부장에게 평가를 맡기는 식으로 평가 주체와 대상을 달리 할 수도 있다. 사장이 전체를 평가하는 데 한계가 있을 수밖에 없으며 누군가의 도움을 받아도 좋다. 그럼에도 어떤 식이든 이런 종류의 평가표는 존재해야 하며, 또 주기적으로(보통 1년에 1~2회) 업데이트해야 한다.

이 자리에서 구체적인 평가 방법까지 언급하는 것은 적절해 보이지 않는다. 무수한 인사경영컨설팅을 진행하면서 깨달은 한 가지 사실이 있다. 최고경영자가 의지만 갖고 있으면 직원의 무브먼트 포텐셜을 가려내는 방법은 어렵지 않게 찾을 수 있으며 조직에 바로 적용 가능하다는 점이다. 제도가 없어서, 규정이 없어서, 하는 방법을 몰라서, 샘플이 없어서, 운용하는 내부 인력이 없어서 못한다는 말은, 핑계에 불과해 보인다.

무브먼트 포텐셜을 평가하는 기본 취지는 똑같으나 보다 쉽고 보다 효율적인 방법 하나를 제시한다면 이렇다.

❶ 과장급 이상의 직원 리스트를 만든다.

❷ 1번 리스트를 아래와 같이 역량(또는 잠재력) 3등급(상중하)과 성과 3등급(상중하)의 아홉 칸 박스에 넣는다.

❸ 이와 같이 역량(잠재력)과 성과 양쪽에서 상/중, 상/상의 자리(음영 들어간 자리)에 놓이는 사람들이 있기 마련이다. 이들로 하나의 리스트를 만든다.

❹ 3번에서 만든 리스트를 대상으로 무브먼트 포텐셜을 구한다.

성과＼역량	하	중	상
상			
중		(빈자리에 직원 이름을 적는다.)	
하			

아래 도표는 한국 내 중견 패션업체에서 인재 개발을 위하여 실제로 작성하고 운영하고 있는 인재 분포도이다. 참고하자(이름은 가명, 괄호 안의 E, D, F, M은 부서명).

성과＼역량	하	중	상
상		김용호(E), 윤태현(E), 도봉정(E), 강용태(E), 김철수(E), 주경수(E), 이재균(F)	한정석(E), 한자희(E), 양영근(M), 이보상(M)
중		이동복(E), 한병용(E), 노무왕(D), 진철수(D), 홍민석(F), 이창환(M), 황대규(M), 정동기(M)	이춘수(F), 윤영삼(F), 박남환(E), 이미숙(E), 임익수(E), 주태균(E), 이진형(M)
하			

〈핵심인재 분포도 샘플〉

직원의 역량(잠재력)을 평가하는 방법은 이밖에도 여러 가지가 존재한다. 그러나 정작 중요한 것은 회사 내 제도나 규정, 기술적인 평가 방법을 떠나 인재를 개발하고 성장시키고자 하는 사장의 의지와 실천이다.

직원 평가를 할 때 한 가지 주의할 점이 있다. 직원들이 입사한 곳은 '회사'지만 다니는 곳은 '부서'인 경우가 흔하다. 입사할 때는 회사 모자(company hat)를 쓰지만 회사 생활에 적응되면 부서 모자(department hat)로 바꿔 쓴다는 말이다. 잘 알려진 부서 이기주의다.

부서 이기주의는 은연중에 회사의 인재 양성 계획을 방해하는 경향이 있다. 사람이라면 아끼는 인재를 계속 데리고 싶어 하는 법이다. 자기 부서의 잘난 직원을 타 부서에 보내는 바보가 어디 있겠는가?

여기서 문제가 발생한다. 사장은 회사 전체 차원에서 가장 효율적인 인력 배분에 관심을 기울이고 있지만 부서의 이해관계는 다르다. 부서는 습성상 자기 부서의 목표에만 관심을 기울인다. 그래서 부서 상사는 최소한 상사가 그 현직에 있는 기간만큼이라도 똘똘한 부하직원을 자기 밑에 두고 싶어 한다. 이들이 각 부서에서 어떤 식으로든 영향력을 행사하고 있으면 직원은 '부서 직원'일 뿐 '회사 직원'으로 일하지 못하게 된다. 특히나 회사 차원에서 인재 양성 계획이 없는 곳에서는 부서 이기주의가 자연스럽게 정착되어 있을 가능성이 높다. 그런 이유에서라도 사장은 회사 차원에서 직원 평가 프로그램이나 관리 프로그램 혹은 최소한 의지라도 갖고 이를 실행해야 한다.

무브먼트 포텐셜은 분명 귀찮은 일임에 틀림이 없다. 매달 목표 실적 확인하고 자금 회전에 신경 쓰기에도 바빠 죽겠는데 언제 직원 평가에 매달린다는 말인가? 그럼에도 직원의 잠재력 평가에 소홀하면 회사는 정작 플랜을 가동할 인력이 필요할 때 적당한 사람을 구하지 못해서 어렵게 마련한 플랜을 폐기해야 하는 사태를 맞이할 가능성이 높다는 점을 마지막으로 언급한다.

Selection
처음부터 잘 뽑아라

맘스의 법칙 마지막은 셀렉션(selection), 즉 직원 채용 문제다.

일본의 어떤 회사는 한때 지원한 사람을 다 뽑았던 적이 있다. 어느 한국인이 이 소식을 듣고 면접장을 찾았다. 어떤 질문을 던질까, 떨리는 마음으로 앉아 있었는데 면접관이 던진 말이 '당신 합격'이었다. 이유를 물어보니, '가장 멀리서 왔으니까'라는 황당한 답변이 돌아왔다.

일본 미라이 공업의 전설 같은 에피소드다. '직원들에게 생각할 기회를 주면 일을 잘하게 된다'는 독특한 인재 철학을 갖고 있는 이 회사는 선풍기로 종이를 날려 과장을 승진시킨 적도 있었다. 물론 이 전대미문의 선풍기 승진은 상장을 위해 중간관리자 수를 늘려야 했던 것이 이유였으나 아무튼 직원 선발 문제에 있어서 미라이를 따라갈 회사는 없을 것으로 보인다.

미라이 이야기를 한 이유가 있다. 당신 회사의 직원 채용 철학을 묻고 싶기 때문이다. 직원 채용 철학이 없는 회사들은 거의 대부분 통념적인 기준에 따라 신입을 선발한다는 '문제'를 안고 있다. 통념을 따랐는데 그게 왜 문제냐고? 통념이라는 단어 안에 이미 심각한 문제가 내포되어 있다.

계획이 없을 때 나타나는 공통적 특징이 있다. 전에 했던 방식을 되풀이한다. 회사가 플랜을 갖고 있지 못하면 작년에 했던 방식으로 올해도 살아보려고 한다. 이건 기억과 감정을 갖고 있는 모든 인간, 나아가 변연계를 갖고 있는 파충류와 파충류에서 진화한 모든 동물들의 공통적인 대응 방식이다. 그러나 인간은 전두엽이 발달했고, 계획을 세울 수 있다. 계획을 세우는 순간 최소한 인간은 기억이나 습관의 의존에서 조금은 벗어날 수 있다.

직원 채용 방식도 마찬가지다. 철학을 갖고 있다면 습관을 조금은 벗어날 수 있다. 그러나 철학이 없다면? 남들이 뽑는 방식대로, 내가 기억하는 방식대로, 혹은 내가 배웠던 방식대로 사람을 뽑게 된다. 그 뽑는 방식이란 학벌 보고, 영어 점수 보고, 해외 유학 경험 보는 스펙 중심의 선발이다.

그런데 스펙을 보고 뽑는 게 무슨 문제라도 될까? 스펙이 좋으면 경험적으로 업무 성과가 높지 않은가? 그렇게 생각하는 게 정상일지 모른다. 그러나 큰 착각이다.

기업체 사장들을 모아놓은 강연 자리에서 자주 듣는 질문 하나가 있다. 너무 많이 들어서 귀에 인이 박힐 정도다.

"후회하지 않고 사람을 뽑으려면 어떻게 해야 합니까?"

무엇 때문에 후회했는지 물어보면 나름 지원자 중에 스펙 좋아서 뽑았는데 말귀도 어둡고 손발도 안 맞고 성과도 별 볼 일이 없어서 고민스럽다는 얘기가 돌아온다.

우리가 생각하는 스펙은 첫째, 능력을 보증하는 어떤 것이며, 둘째, 남보다 높은 성과를 만들어주는 어떤 것이다. 그런데 스펙 순으로 사람을 뽑았는데 현장에서는 불만이 보고된다. 왜 이런 애들 뽑았느냐고.

우리가 조금만 더 냉정하게 사태를 바라보면 스펙 중심의 선발 방식이 지닌 약점이 보인다.

첫째, 당신이 스펙을 보고 뽑았다면 그들은 돈을 보고 지원한다.

지원자들은 자기 몸값을 높이기 위해 스펙을 쌓아왔다. 그런데 당신의 회사는 우리나라에서 가장 많은 연봉을 주는가? 혹은 지원자가 수긍할 만한 수준의 급여를 주는가? 절대 아니다.

둘째, 스펙을 잘 갖춘 지원자들은 더 좋은 기회, 즉 내게 연봉을 더 줄 곳을 찾아 언제든지 떠날 준비가 되어 있다. 아마 신입 사원으로 다니면서 다른 회사에도 줄곧 입사 서류를 제출하고 있을 것이다.

셋째, 회사와 지원자가 월급과 스펙이라는 프레임에서 벗어나지 못하는 동안 서로에게 절대로 자기 속내를 보이지 않는다.

> 회사 : "직원들은 결국 돈 더 많이 주는 곳으로 가는 게 인지상정 아
> 냐?"
> 직원 : "회사들은 결국 더 스펙 높은 사람을 뽑으려고 하는 게 인지상정
> 아냐?"

만일 서로가 상대방을 이렇게 생각한다면 과연 누가 먼저 양보해야 할까? 회사가 먼저 더 많은 돈을 주겠다고 말해야 할까? 아니면 직원이 같은 연봉에 더 많은 스펙을 회사에 보여주겠다고 말해야 할까? 월급과 스펙이라는 차원에서 바라보면 둘 사이에는 타협점이 존재하기 힘들다. 왜냐하면 서로 먼저 뭔가를 내놓으려고 하는 쪽은 없기 때문이다.

그런데 이런 분석이 사실일까?

기업체 사장들에게 직원들이 조기 퇴사하는 이유가 무엇일지 물어보면 첫째로 업무에 적응하지 못하는 문제를 꼽고, 둘째로 급여 때문이라고 답변한다. 대기업이든 중소기업이든 예외가 없다.

그러나 직원 입장으로 돌아가 보면 의외의 연구 자료와 마주하게 된다. 2017년 강순희 경기대 교수와 안준기 고용정보원 연구위원은 공동 연구를 통해 대졸 청년층이 중소기업을 기피하는 이유를 연구하여 그 결과를 발표했다. 이 자료에는 통계적으로 의미가 있는 기피 요소

와 유의미성을 찾기 힘든 요소가 구분되어 있다. 과연 임금은 기피 요소였을까, 아니었을까?

〈대졸 청년층 중소기업 기피 요소〉

• 기피 요소(통계적으로 의미)

    – 복리후생

    – 일자리의 사회적 평판

    – 직무 관련 교육 및 훈련

    – 근무 환경

• 통계적으로 유의미하지 않은 요소

    – 임금 또는 소득

    – 인간관계

    – 고용의 안정성

    – 개인의 발전 가능성

아마도 체감하고 있는 내용과 다를 수 있다. 또 개별 기업체의 상황 역시 다를 수 있다. 그럼에도 통계적인 측면에서 바라보면 임금은 공통적으로 발견되는 기피 요소가 아님을 알 수 있다. 대신 다른 통계 자료를 보면 기업의 경직된 상명하복식 문화를 퇴사 이유로 꼽는 자료는 수도 없이 많다.

이건 무슨 뜻일까? 입사지원자들은 이미 연봉 수준을 알고 지원하기 때문에 임금에 대해서 수긍하고 서류를 낸다는 뜻이다. 물론 더 많은 돈을 주는 곳으로 이동하려는 사람이 없다는 뜻이 아니라 전체적으로는 연봉 수준을 받아들이고 지원한다는 말이다. 즉 스펙-월급의 프레임으로 직원 채용 문제를 바라보는 게 얼마나 문제가 있는지부터 알아야 한다는 말이다. 실상은 스펙-월급 프레임이 아니다. 역량 평가를 못하니까 스펙을 보는 것뿐이고, 다닐 만한 회사 분위기를 못 만드니까 월급 탓을 하는 것이다.

나는 오늘날 중소기업들이 처한 문제가 무엇인지 잘 안다. 지원자 자체가 없다는 얘기를 수도 없이 듣고 있다. 이런 문제를 개별 회사들이 해결할 수는 없겠지만 그렇다고 손을 놓고 있을 수도 없다. 두 가지 해결책을 생각해 본다.

첫째, 최고의 인재가 아니라 최적의 인재를 뽑자.

공기업 및 공공기관 그리고 이미 많은 기업체에서 블라인드 채용을 실시하고 있다. 상표를 가리고 음식을 먹어보고 맛을 평가하듯이 스펙을 가리고 업무 역량 중심으로 지원자를 평가하는 방법이다. 블라인드 채용방식이 반드시 옳다고 말할 수는 없으나 적어도 업무가 요구하는 직무역량 중심으로 인재를 채용하는 기본정신과 방법은 높게 살 수 있을 것이다.

나는 면접관들이 불과 15분 안에, 아니면 면접 시작하면서 거의 1분 이내에 면접자의 바르고 진솔해 보이는 태도만 보고 합격자를 결정한다는 사실을 알고는 깜짝 놀란 적이 있다. 바르고 진솔해 보이는 태도가 나쁘다는 뜻이 아니다. 아마 그런 태도를 가진 사람이라면 직장 생활에서 큰 문제를 일으키지는 않을 것이다. 그러나 문제를 일으키지 않을 것이라는 사실만 보고 합격자를 결정한다? 회사는 도덕적인 사람, 사회적인 사람을 뽑는 곳이 아님에도 나머지는 다 자기소개서나 이력서의 내용에 맡겨두고 오로지 성실성이라는 태도만 보고 최종 합격 여부를 결정한다는 데 우려를 표하지 않을 수 없다. 그렇게 뽑았으니 업무 적응이나 업무 역량을 어떻게 확인할 수 있겠는가?

최고의 인재를 뽑는다는 건 착각이거나 측정 불가능한 내용이다. 스펙이나 면접 태도에는 그가 최고의 인재인지 알려주는 지표가 있기는 하지만 그렇게 신뢰할 만한 수준은 아니다. 반면 최적의 인재는 테스트 기준을 마련하는 게 상대적으로 수월하다. 그 회사에서 하는 일이기 때문에 그 회사 사람들이 잘 알 수 있다는 말이다. 그리고 실제로 최적의 인재를 뽑았을 때 회사 만족도도 높아진다.

역량 면접 방식은 최적의 인재 선발을 위하여 자주 사용하는 방법 가운데 하나다. 이 방식은 회사에서 필요로 하는 '기본업무역량'과 직무 수행에 필요한 '핵심직무역량'을 리스트로 나열하고 과거 경험과 실적 중심의 질문을 통해 지원자의 역량을 파악한다. 과거의 성공 경험과 실적을 통하여 우리 조직에 맞는 최적화한 인재를 선발하는 데 초점을 맞춘 방식이다. 마이다스아이티나 제너퍼소프트 같은 많은 강소기업, 중견기업들도 블라인드 채용에 기초한 능력/역량 위주의 인재채용에 앞장서고 있다. 이들 회사의 지원서에는 이름 및 전화번호만 기입하고 학교, 학력, 스펙 적는 칸이 아예 없다. 대신 지원하는 분야, 지원 이유, 자신이 가지고 있는 강점, 비전, 회사와 함께하는 성장계획을 작성한다. 이에 기초하여 회사에서는 수차례에 걸쳐 치열하고 심도 있는 검증면접을 실시하여 최종 합격자를 선발한다.

때때로 우리 회사에는 정교한 입사 면접 절차가 없다, 최적의 인재 선발을 위한 역량 면접 방식이 없다고 말하는 회사를 만난다. 그러나 무엇보다 중요한 것은 사장의 의지와 실천이다.

채용 절차와 규정이 허술하거나 혹은 채용 시스템 자체가 없다고 한탄하지 말고, 일단 A4 용지 한 장 꺼내보자. 선발 포지션에 요구되는 간략한 '기본업무역량'과 직무수행에 필요한 '핵심직무역량'을 적어보자(NCS, National Competency Standards, 국가직무능력표준 사이트 www.ncs.go.kr/index.do에 접속하면 회사가 필요로 하는 역량 및 역량 질문 등 역량 면접에 필요한 내용을 구할 수 있다.). 그리고 이들 역량을 바탕으로 면접자에게 질문을 던지자. 이 정도만 해도 기초적인 역량 면접을 실시할 수 있다.

둘째, 뽑는 데 방점을 두지 말고 성장시키는 데 방점을 찍자.

직원을 성장시키는 일은 대기업도 참 힘들어 하는 일 가운데 하나다. 기껏 가르쳐 놓으면 도망가는 일은 대기업이나 작은 회사나 비일비재하다. 급여, 복리후생, 사회적 평판 등 대기업과 견주어서 어느 것 하나 나을 게 없는 중소/중견/강소기업이나 이제 막 사업을 시작하는 스타트업의 경우, 굳이 어설프게 대기업을 모방하거나 이미 외형적으로 없거나 부족한 것에 열등감을 느끼거나 의기소침할 필요는 없어 보인다. 오히려 규모가 작은 회사 특유의 민첩성과 섬세함 그리고 철저한 경력관리를 통하여 직원들에게 더 많은 성장의 기회를 줄 수도 있을 것이다. 어쩌면 작은 기업일수록 환경은 더 좋을지 모른다.

대신 사장의 관심이 절대적이다. 흔히 사회학에서 말하듯이 노동자는 자기 노동력을 제공하고 그에 대한 대가로 임금을 받고, 회사는 노동자의 노동력을 구매한다는 식으로 생각하는 발상을 버려야 한다. 회사의 사장이 어떤 마음을 먹고 있느냐에 따라 회사는 사회학의 그런 딱딱하고 매정한 듯한 방식에서 벗어날 수 있기 때문이다. 만일 당신이 회사 내에 멘토링 제도를 도입하여 선배와 후배들을 긴밀하게 엮어낼 수 있다면 조기 퇴사자는 금세 줄어들 것이다. 만일 당신이 멘토링 제도를 통해 신입사원의 커리어를 관리하도록 지원하고, 개인적으로 관심을 보여주면서 격려하고 지원하는 활동을 한다면 신입사원의 근무일수는 더욱 늘어날 것이다. 만일 당신이 일정 수준에 도달한 직원에게 재량권을 주거나 보상 체계를 마련해서 시행하면 직원들은 자신이 소모품이 아니라고 느끼게 될 것이다. 만일 당신이 사내에 발전적인 경쟁체계를 만들 수 있다면 직원들은 자발적으로 노력해서 더 나은 성과를 만들려고 할 것이다. 만일 그와 같은 직원 관리 문화가 생기면 이 회사에 대한 평판은 금세 업계로 퍼져갈 것이다. 수많은 중소기업체가 입사를 지원하는 사람이 없다고 한숨을 쉬지만 이 회사는 자꾸만 찾아오는 지원자 때문에 행복한 비명을 지르게 될 것이다.

직원은 바보가 아니다. 미라이 공업도 바보가 아니다. 사장이 자기 회사의 첫 고객인 직원에 대해서 어떤 철학을 갖고 있느냐가 모든 걸 결정한다.

지금까지 살펴본 맘스(MOMS)의 법칙은 조직 최적화(인적자원의 최대 활용법)를 통해 실행지연 비즈버그를 극복하는 방법을 담고 있다. 맘스(MOMS)의 법칙을 구현하기 위해서는 우선, 회사가 나아가는 방향(3년 정도의 중장기 전략)이 설정되어 있어야 하며 그 뒤에 맘스의 법칙 4단계를 실행한다. 즉 중장기 전략을 구현하는 핵심포지션을 선정하고, 이 핵심포지션에 역량 있는 핵심인재를 앉히고(Matching), 결재 라인을 줄이고(One-layer), 내부 인재의 성장잠재력을 평가하고(Movement), 그리고 처음부터 최적의 인재를 잘 선발한다(Seletion).

이와 같은 방법으로 조직 최적화는 구현되며 이 과정에서 우리는 실행지연의 비즈버그를 퇴치할 수 있게 된다.

5장

생존의 조건 ❸
직원 몰입도를 높여라

•

: 소통중단 비즈버그 극복을 위한 E=S×J×R의 법칙 :

몰입(Engagement)은
공유(Share)와 참여(Joint)와
보상(Reward)으로 이루어진다

동기부여를 중시하는 교육학 이론에서는 학생과 학습 목표 사이에 학부모가 끼어드는 것은 바람직한 일이 아니라고 지적한다. 학부모의 역할은 목표에 대한 관심을 높이고 목표를 구체화시켜주는 것이지 부모가 일방적으로 목표를 설정하여 자녀를 억지로 끌고 가려고 하거나 혹은 부모의 눈치를 보도록 다그치는 것은 바람직한 방식이 아니라는 얘기다. 부모들도 이를 잘 알고 있다. 그래서 한 걸음 떨어져서 아이가 스스로 학습 목표를 찾을 수 있도록 도와주는 역할에서 그치고 싶지만 현실은 그렇지 못하다. 생각보다 많은 아이들이 왜 공부해야 하는지 동기를 찾지 못한 채 부모의 헛기침 소리에 눈치를 보며 책상에 앉는다.

　같은 일이 회사에서도 벌어진다. 사장이 움직이는 대로 회사의 시선이 따라 다닌다. 물론 사장이 일부러 나를 보라고 요구한 것은 아니다. 사장은, 내가 보는 곳을 직원들도 함께 봐주기를 바란다. 그래서 부서장에게 지시사항을 전달하고 조회를 연다. 당장은 알아듣는 것 같다. 하지만 딱 그때뿐이다. 사장이 눈앞에서 사라지면 직원들은 사적인 관심사로 생각을 갈아탄다. 사장이 바라볼 때는 쳐다보는 척하고, 등을 돌리면 다들 관심을 잃어버리는 이중적 행동, '무궁화 꽃이 피었습니다' 게임이 회사에서 벌어진다.

　이 게임의 청산을 위해 사장이 극복해야 할 게 4가지다. 감시와 통제, 그리고 질책과 하명(명령의 전달)이다. 과거 컨베이어벨트 시스템이 세상을 지배하던 시절에는 이 4가지 방식이 생산성 향상에 도움이 되었다. 그러나 어느 순간부터 기능이 제한되거나 혹은 경우에 따라 구시대 유물로 전락하고 만다. 조사 결과에 따르면 사무직 직원들은 업무 시간의 70%를 데이드리밍(Day Dreaming)으로 보낸다. 이 말은 무슨 뜻일까? 관리자는 지금 직원들이 업무 목표를 마음에 두고 일하는지, 집에 두고 온 맛있는 음식을 생각하는지 그 표정이나 동작만으로는 알 수 없다는 뜻이다. 그게 피터 드러커가 이야기했던 지식노동 사회의 특징이다. 직원의 머릿속에서 벌어지고 있는 일을 사장은 알지 못한다. 그래서 아무리 두 눈 부릅뜨고 감시하거나 행동 범위와 시간을 통제해도 생각만큼 생산성이 오르지 못한다.

질책과 하명, 이 두 가지는 더욱 본질적인 문제를 일으키는 주범이다. 만일 직원이 개인의 업무 목표가 아닌 사장이나 상사의 얼굴만 보고 있다면 그건 질책과 하명이 회사를 지배하고 있다는 증거다. 실수든 잘못이든 사장이 책임을 묻는 데 급급하면 직원들은 사장의 눈치를 보기 시작한다. 혼나지 않으려면 문제를 만들면 안 된다. 엉뚱하게 새로운 시도를 하면 안 된다. 그런 분위기에서 지시사항이 떨어진다. 직원은 전달받은 메시지보다는 이 메시지를 전달한 사장의 목소리가 지금 어떤 감정을 띠고 있는지 더 관심이 많다. 목표 달성은 늘 마지노선에서 이루어지거나 혹은 사장이 화를 내지 않을 선에서 그친다. 자율성에 기반을 둔 적극성이 사라진다. 회사는 사장의 눈치를 보는 사람들과 싫은 소리 듣는 사람, 사무실 뒤편에서 나직이 흘러나오는 불만과 한숨으로 가득 찬다. 그 사이 비즈니스 목표는 증발한다.

감시와 통제, 질책과 하명, 이 4가지 유물은 이미 경영 분야에서는 사형선고를 받았다. 대신 경영 전문가들은 몰입이라는 개념으로 갈아 탔다. 마른 수건을 쥐어짜는 방식이 아니라 동기를 관리하여 몰입도를 끌어올리는 방식이 기업 생산성을 높일 수 있다고 목소리를 높인다. 업무 동기가 높아진 직원들은 변덕스런 사장의 감정이 아니라 가까이는 자신의 업무 목표, 멀리는 회사 목표를 바라보며 자율적으로 업무에 매진할 가능성이 높아진다.

회사 전 직원이 사장만 바라보는 올드한 회사 분위기를 우리는 앞서 소통중단 비즈버그가 활동하고 있는 증거라고 말했다. 소통중단 비즈버그의 핵심 원인 가운데 하나는 사장이 손 안에 든 물을 밑으로 내리지 않기 때문이다. 바가지를 들고만 있기 때문에 모든 직원이 사장 손만 쳐다본다. 그게 직원들을 데이드리밍에 빠뜨리는 한 가지 원인이 된다. 그래서 소통중단 비즈버그를 제거하는 문제에는 물을 어떻게 밑으로 내릴 것인가 하는 해결책이 존재한다. 만일 물을 밑으로 내릴 수 있다면, 그래서 직원들이 각자의 업무 목표에 몰입할 수 있도록 만들 수 있다면 해묵은 무궁화꽃이 피었습니다 게임을 직장 내에서 쫓아낼 수 있다.

마지막으로 우리가 살필 것은 자율적인 조직 분위기 만들기, 즉 몰입에 대한 것이다. 회사가 사장의 눈치가 아니라 목표를 향해 나아가도록 만들기 위해서 여기, 몰입의 공식 하나를 제시한다.

$$E = S \times J \times R$$

몰입(Engagement)은 공유(Share)와 참여(Joint)와 보상(Reward)의 곱하기로 이루어진다는 뜻이다.

그러나 몰입 이야기로 들어가기 전에 에피소드 하나를 보여주고 싶다. 이 에피소드는 내가 이 책을 쓰게 된 동기가 되었을 뿐 아니라 사업 계획 수립에 도움이 될 만한 아이디어를 제공한다. 그리고 무엇보다 5장의 주제인 몰입에 대해서 많은 암시를 줄 것으로 기대한다.

2주 동안
한 문장 만들기

"우리 회사 사업계획을 짜는 일에 참여해 주시면 좋겠습니다."

한번은 회사 대표들이 모인 강연회에서 인사정책과 관련된 강의를 하다가 A 업체 사장으로부터 컨설팅을 제안받았다.

내가 강의하는 인사정책은 회사 사업계획과 밀접하게 연동된 방식이어서 사업계획이 존재하지 않으면 실행이 불가능하다. 앞에서도 누누이 강조했던 〈선 전략 후 인력〉 방식이기 때문이다. 일상적인 직원 채용 정책이 '어떻게 하면 최고의 인재(best people)를 뽑을 것인가'에 초점이 맞춰져 있는데 이건 회사가 요구하는 인재 역량이 없거나 모르기 때문에 택하는 플랜 B일 뿐이다. 비즈니스답게 제대로 하려면 '어떻게 하면 최적의 인재(right people)를 뽑을 것인가'에 초점을 맞춰야 한다. 너무 당연한 이야기지만 생각보다 많은 기업들이 이 간단한 원칙을 인사정책에 반영하지 못한다. 왜냐하면 채용 철학은 둘째 치고 사업계획도 제대로 세운 적이 없기 때문이다.

그 회사도 마찬가지였다. 사업계획이 없으니 인력 충원/관리 계획도 없었다. A 회사 대표는 처음에는 인사정책에 관심을 보이다가 사업계획의 필요성에 눈을 뜬 것 같다. 마침 연말연초였으니 시기도 적당했다.

약속한 날짜에 회사에 방문했다. 사장에게 가장 먼저 던진 질문은 집토끼에 대한 4가지 태도였다.

"작년에 했던 사업 분야 가운데 무엇을 확대시킬 것인지, 무엇을 동일하게 유지시킬 것인지, 혹은 축소시키거나 폐지할 것이 결정되어 있으신가요?"

이제 독자 여러분은 이 질문이 어떤 무게감을 갖고 있는지 이해하리라고 생각한다. 집토끼에 대한 4가지 태도가 정해지려면 이보다 더 큰 그림, 즉 3년 중장기 계획이 있어야 한다. 물론 나는 3년 중장기 계획이 구체적으로 작성되어 있으리라고 기대하며 던진 질문은 아니었다. 그러나 최소한 어떤 감, 이를 테면 '3년 뒤에 이 회사를 어떻게 만들 것이다'라는 어떤 막연한 느낌이라도 갖고 있지 않을까 기대하며 질문을 던졌다. 그러나 사장은 묵묵부답.

질문을 바꾸었다.

"그럼, 올해는 어떻게 하실 생각이신지요?"

그는 잠시 머뭇거리더니 이렇게 대답했다.

"작년에 100억을 했으니 올해 120억 정도 하면 되지 않을까 생각하고 있습니다."

그때 나는 이 정도 규모의 회사에 경영의 큰 그림이 존재하지 않는 다는 사실에 충격을 받았다. 그러나 여러 가지 이야기를 나누는 와중에 그의 사정을 조금은 헤아리게 되었다. 그간 경영 실적이 나쁘지 않았던 것도 한 가지 이유였다. 성적이 나쁘지 않으니까 '이렇게 하면 되겠구나' 하고 감을 갖게 된 것도 한 가지 이유였다. 그런 관행이 그의 경영 마인드를 지배하다 보니 굳이 사업계획을 짜야 할 필요성을 느끼지 못했으며, 그래서 지금까지 한 번도 사업계획을 제대로 수립해본 적이 없었다.

A 회사 사장은 아마도 경영학과를 다녔거나 특강 따위를 들으면서 경영전략이나 사업계획에 대한 이론적 학습을 경험했던 것으로 보인다. 미션이나 비전 등 경영 용어에 대한 거부감은 전혀 없었다. 그러나 현장에서, 그것도 자기 회사에서 직접 사업계획을 수립해 본 적이 단 한 번도 없는 것 같았다. 비즈니스 경험이 많은 사람들도 플랜에 대해서는 어색해 하는 경우를 나는 많이 목격했다.

우리는 이번 기회에 투비(TO BE)의 모습을 그려보기로 했다. '회사의 미래상, 혹은 방향성 혹은 무엇이라고 불러도 좋다. 이 회사가 3년 혹은 5년 뒤에 어떤 회사가 되기를 바라는지 마음속에 꿈틀거리고 있는

그 모습을 불러내어 종이 위에 적어보자!'

물론 쉬운 일은 아니었다. 그는 수면 아래 깊게 잠자고 있는 자기 생각을 끄집어낸 경험이 없었고, 그래서 많이 머뭇거렸다. 내가 한 일은 계속 질문을 던지는 일이었다. 그를 주제에 집중할 수 있도록 조력할 필요가 있었으며, 생각의 실마리를 잡을 수 있도록 압박해주어야 했다. 질문은 그때마다 조금씩 다르게 던졌지만 내가 전달하려는 메시지는 딱 한 가지였다.

'구체적으로 뭐가 되고 싶으세요?'

제대로 된 답변이 나오기까지 2주가 걸렸다. 시간이 날 때마다 미팅을 가지며 사장의 의식 깊은 곳에 잠겨 있는 빙하의 한 조각을 수면 위로 잡아당겼다. 조금씩 아이디어가 모습을 드러내기 시작했다. 미팅이 수차례 되풀이되면서 사장의 마음속 그림은 색이 입혀지고 모양이 뚜렷해졌다. 그러다 2주가 지나던 그 날, 우리는 하나의 문장으로 압축된 회사 미션을 완성했다.

'3년 안에 매출 200억의 종합식품회사로 거듭나기'

현재 다루고 있는 유제품 품목에 유기농 식재료 판매와 1회용 식품 등을 추가하여 종합식품회사로 발돋움하자는 게 A 회사 사장이 스스로 찾아낸 3년 후 투비(TO BE)의 모습이었다.

펄떡이며 세상 밖으로 튀어나온 그의 생각은, 너무 평범해 보일지 모른다. 그러나 나는 사장을 위해 박수를 쳤다. 이 생각은 철저히 그의 마음속에서 건져 올린 것이기 때문이다. 타인의 눈에는 하늘에 떠 있는 수많은 별 가운데 하나일지 모르지만 A 회사 사장에게 이 별은 세상에 딱 하나밖에 없는 '나만의 것'이었다. 그것도 그 사장의 가슴 속에만 뜨는 별이었다.

종이에 적는 것이
중요한 이유

언어학자들은, 하나의 언어에서 어휘가 급증한 시기와 사회적 변혁 시기가 겹치는 경향이 있음을 지적한다. 또한 사회 변화를 많이 경험할수록 해당 언어의 어휘는 증가한다. 달리 말해 어휘가 풍부한 언어들은 그 문화권의 역사를 살펴보면 그에 비례하는 사회적 변혁을 많이 겪었다는 뜻이다. 이에 반해 어휘수가 상대적으로 적다는 말은 해당 문화권이 장기간 고정되어 있었다는 증거다. 오늘날 가장 어휘가 풍부한 언어는 영어로, 그만큼 많은 사람이 쓰기도 하지만 그보다는 영어권 사회가 겪은 사회적 변화가 그만큼 많았다는 뜻이기도 하다. 왜 아닌가? 영국만 하더라도 산업혁명의 진원지이며, 한때 대영제국이라는 타이틀을 보유하고 있을 만큼 세계사에 굵직한 발자취를 남겼다.

회사도 같은 관점에서 관찰이 가능하다. 회사 내에 오가는 대화를 가만히 살펴보면 어떤 신생 어휘가 있는지 알아차릴 수 있는데 그런 신생 어휘가 많을수록 회사는 보다 생동적이고, 반대로 어휘 자체가 적을수록 회사는 과거의 방식 안에서 똑같은 하루를 보내고 있을 가능성이 크다.

사용하는 어휘가 고정되어 있을 때 나타나는 또 한 가지 특이한 점은 대명사와 보디랭귀지의 사용이 증가한다는 점이다. 낡은 관행 안에서 일상적 경영의 90% 이상이 해결되는 회사는 '거시기'로 대화를 나누거나 언어보다 몸짓을 자주 활용하는 경향이 있다. 오래 함께 살아서 특별할 것 없는 일상을 보내는 노부부는 손가락으로 어딘가를 가리키거나 '그거 가져오세요.' 하고 대명사 '그거'를 쓴다. 그러면 배우자는 이심전심, 염화미소처럼 '그거'를 척하고 가져다준다. 관행 속에서 살아가는 회사들의 언어도 이들과 다르지 않다. 몇 마디 하지 않아도 회사 내에서는 거의 모든 말이 다 통한다. 왜냐하면 새로운 사건이나 새로운 시도가 없기 때문이다.

새로운 시도에는 반드시 새로운 언어가 필요하다. 아직 이 일이 어떤 의미인지 충분히 경험하지 못했기 때문에 이때 새로운 언어는 과거의 경험을 연상시키는 추억의 말이 아니라 아직 경험해 보지 못한 미래의 어떤 일을 가리키는 미래지향적 성격을 갖는다. 새로운 언어는 달성되어야 할 그 무엇이기 때문에 필연적으로 소통상에 어려움을 겪는다.

새로운 시스템을 도입할 때마다 부딪쳤던 숱한 오해와 갈등을 기억해 보라. 그 오해를 없애기 위해 직원들을 교육에 투입했던 경험을 떠올려 보라. 새로운 시스템이 요구하는 언어는 절대 과거의 경험으로 해석되질 않는다. 미션이나 비전도 마찬가지다. 그건 앞으로 달성해야 할 것이다. 그래서 더더욱 소통에 신경을 써야 한다.

A 회사 사장과 나는 질문과 답변을 이어가며 생각을 보다 더욱 뚜렷하게 만들었다. 그러나 단지 질문과 답변이 우리가 한 행동의 전부는 아니었다. 나는 사장에게 부탁하여 화이트보드와 종이를 갖다 놓고 무슨 생각이든 좋으니 바닥에 내려놓자며 일일이 적었다.

적는 행위는 무엇보다 중요하다. 사장은 지금 머릿속으로 미래의 일을 가늠해 보는 것이다. 그런데 언어마저 구체적이지 못하면 사장의 생각은 아무도 이해하지 못하게 된다. 1장에서 사업계획을 짜는 방법을 언급했는데 이걸 왜 직접 적는 게 중요한지 우리는 이제 이해할 수 있다. 만일 사장이 미션이나 비전을 말하고 싶은데 그에 걸맞은 구체적인 단어나 표현을 찾지 못하면 직원들은 어떻게 사장의 생각을 읽을까? 직원들 입장에서는 안 그래도 그게 어떤 의미인지 내 기억과 경험 속을 뒤적여도 매칭되는 내용이 없는데 표현마저 애매하면 누가 척 보고 이해할 수 있겠는가?

직원의 몰입을 위해서 가장 첫 번째로 꼽은 게 공유였다. 공유를 하기 위한 준비 단계는 바로 이것이다.

"내가 하려는 말을 최대한 구체적으로 적어보기!"

이를 위한 몇 가지 주문이다.

❶ 생각으로 정리하지 말자. 생각을 했으면 반드시 종이든 화이트보드 등 어딘가에 글이나 이미지로 표현해 본다.

❷ 모호한 표현은 최대한 구체화시킨다.

❸ 복잡하면 곤란하다. 단순화시킨다.

❹ 미션이나 비전의 경우, 사장이나 회사 사람들은 아직 경험해 본 적이 없는 미래의 모습이다. 과거에 경험했던 일이 아니므로 그 의미를 100% 이해할 수 없다는 사실을 전제한다. 직원들이 내 말을 이해하지 못한다고 직원 탓을 하는 것은 곤란하다. 사실 사장도 다 알고 말하는 것은 아니다. 엄밀히 말하면 미션이나 비전은 앞으로 만들어가는 것이기 때문이다!

A 회사
실무자 미팅

'3년 안에 매출 200억의 종합식품회사로 거듭나기'

이 미션 아래에는 4가지 비전이 존재한다. 나아가 우리는 3년 중장기 전략도 세웠다. 실무자인 팀장이나 부서장을 데리고 하든 아니면 사장 혼자 하든 아무튼 회사 차원에서는 최소한 중장기 전략까지 짜야 한다. 실제로 나는 사장과 함께 1개의 미션, 4개의 비전, 4개의 중장기 전략을 세웠다. 그런 뒤 나는 연간 목표와 계획의 필요성에 대해서 사장에게 알려주었다. 다시 말해, 부서가 올해 해야 할 일을 구체적으로 만드는 과정이었다.

일단 나는 사장에게 요청하여 미션과 비전, 3년 중장기 전략 등을 팀장과 부서장에게 공유하도록 했다. 그러나 그냥 읽어보라고 글만 던져주는 것은 곤란하다. 가능하다면 각 부서가 무엇을 해야 하는지 가이드를 제공해 주면 좋다.

- 전체 그림 → '나는 이 회사를 이렇게 만들고 싶어.'
- 부서 그림 → '각 부서들은 이렇게 해주면 좋겠어.'

사장이 꼭 부서별 그림까지 전부 그려야 하는 것은 아니다. 나아가 혼자 부서별 그림을 그릴 수 있더라도 기왕이면 부서장이 이 과정에 참여할 수 있도록 하는 게 바람직하다. 그게 좋은 회사들이 공통적으로 갖고 있는 루틴이다.

그러나 플랜 자체가 처음인 A 회사에는 공유든 참여든 제대로 되는 건 하나도 없었다. 나는 일단 공유가 아닌 전달 차원에서 전체 그림을 설명해주었다. 이후 이를 토대로 부서별 연간 플랜을 짜야 한다는 사실을 알려주고, 간략히 방법을 소개해 주었다. 예컨대 팩트에 해당하는 구체적인 자료를 모아서 여기에 근거하여 버릴 것과 살릴 것을 가려보며 목표에 도달할 수 있는 방법을 찾아보자고 요구했다.

아마 내가 했던 말 자체는 이해하는 데 어려움이 없었을 것으로 보인다. 다들 직장 경험이 있는 사람들이고, 내가 쓰는 용어가 이론서에 등장하는 어려운 말도 없었으니 말이다. 그런데도 그들은 뜨악한 표정을 지었다. 이해가 안 된 것일까? 재차 확인해 보면 분명 이해는 하고 있았다. 그렇다면 이 표정의 정체는 무엇일까?

– 내가 이걸 왜 해?

– 지금까지 잘해 왔는데 무얼 새로 해?

직접적으로 표현하는 사람은 없었지만 미팅 후에 그들의 반응을 가만히 생각해 보면 분명 이 두 가지 생각 때문이었던 것 같다. 사실 변화는 누구나 어색하고 꺼리는 일이다. 이해한다. 그러나 이런 반응이 나타난 보다 근원적인 원인은 따로 있었다. 나중에 다시 확인한 그 이유는, 해 보지 않은 일에 대한 두려움이었다. 한 번도 경험한 적이 없는 일을 해야 할 때 사람은 본능적으로 두려움을 느끼는 법이다.

나는 다음 미팅 때까지 부서별 목표와 전략을 짜오라고 숙제를 내주었는데 제대로 해오는 사람이 한 명도 없었다. 심지어 그들은 구체적인 기초자료를 찾는 일에도 서툴렀다. 사장과 마찬가지로, 그들 역시 플랜을 짜본 경험이 없었다. 한마디로 손에 익은 감이 없었다.

나는 다시 한 번 더 플랜 짜는 방법을 설명해주고, 다음 미팅 때 제출하라고 시한을 연장해주었다. 이번에는 중간에 전화를 걸어 진척 상황을 체크했다. 예상대로 '힘들다'는 반응이 대다수였고, 과제도 진척이 없었다.

세 번째 미팅을 위해 회사를 방문하면서 나는 한 가지 중대한 결심을 했다. 플랜 짜는 과정을 구체적으로 경험하도록 해야겠다는 다짐이었다. 나는 그들이 기초자료 정리에서부터 애를 먹는다는 사실을 알고 그들과 함께 실무 현장으로 가서 그때그때 필요한 자료를 요구했다. 이 자료들은 앞으로 이 부서가 실행해야 할 전략의 근거가 되기 때문에 중요했다. 출력한 자료가 책상 위에 오르면 함께 들여다보면서 인용할 부분을 정리했다. 기초자료 정리가 끝나면 우리는 다음 단계, 즉 집토끼에 대한 4가지 태도를 정하는 과정을 밟았다.

"하지 말아야 할 게 무엇인지 찾아봅시다."

성과 효율이 낮거나 성과가 없었던 자원 투입, 성과와 유의미한 연관성을 찾기 힘든 액션들을 색출하는 과정이었다.

"전에 했던 것 가운데 취할 건 무엇인지 찾아봅시다."

반대로 성과와 밀접하며, 유의미한 성과를 거두는 방법들을 추리는 과정이었다.

"고객을 어떻게 늘릴까요?"

최종적인 단계에서 우리는 비즈니스와 고객의 확대 방안에 대해서 의견을 나누었다.

이와 같이 부서별 목표와 전략을 구상하기 위해 나는 단계별로 접근했다. 또한 나는 이 과정을 중간관리자 한 명과 단 둘이 진행한 것이 아니고 실무자를 반드시 대동하도록 했다. 아이디어 회의든 의사결정 회의든 실무자는 반드시 참석해야 한다는 게 나의 신념이다.

이와 같이 현장에서 모든 점검을 마치고, 의견을 이끌어낸 뒤 그 결과물을 작성하도록 요청했다. 작성이 끝나면 중간에 체크 과정을 거치고, 이후 약속한 날 사장 앞에 모여서 발표하도록 시켰다.

발표는 실무자가 하는 게 원칙이었다. 또한 발표 자리에는 해당 발표자만 사장에게 발표하고 나오는 게 아니라 그날 발표하는 사람이 전부 참석해서 발표 과정을 지켜보도록 했다. 예컨대 발표자가 3명이면 처음부터 같이 자리에 앉게 하여 서로 상대방의 발표를 듣도록 했다. 실무자끼리 상호 검증 과정을 거치도록 해야 나중에 말이 없기 때문이다.

전투 기술 가운데 하나로 교차 사격을 의미하는 크로스파이어 (crossfire)는 상호 검증이 왜 중요한지 알려주는 한 가지 예시가 된다. 적군과 아군이 마주보고 교전을 벌인다고 가정할 때 각 병사는 자신의 정면에 위치한 적군이 아니라 대각선 방향의 적군을 향해 총을 겨누게 된다.

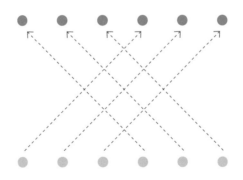

▌크로스파이어(crossfire), 교차 검증

이는 전투 상황에서 엄폐물의 위치와 연관이 깊은데 대개 자기 앞에 엄폐물을 놓고 몸을 숨기는 까닭에 전투 요원들은 측면이 노출된다. 이런 약점을 이용하는 동시에 아군의 측면을 노리는 적군을 발견하기 위해서 대각선 사격이 이루어진다. 이 방식은 빈틈을 없애기 위한 것으로 교전에서 반드시 지켜야 할 원칙이다.

발표자들을 모두 모아서 다른 실무자의 발표를 듣게 하는 것도 빈틈을 최소화하기 위한 방법이다. 물론 듣게 하는 것으로 그치면 곤란하다. 한 명이 발표를 마치면 실무자를 비롯하여 자리에 모인 모든 사람들이 난상토론을 하도록 유도했고, 그 과정에서 놓치고 있는 부분이 없는지 체크한 뒤 그 자리에서 최종 결론을 짓도록 했다. 이와 같이 상호 검증을 거쳐서 부서별 연간 목표와 전략이 완성되었다.

일반적으로 조직이 목표를 수립하는 데 있어서 두 가지 축을 중시하는데 하나가 수직적 정렬(Vertical Alignment)이고 또 하나가 수평적 정렬(Horizontal Alignment)이다. 상위 조직과 나란히 서는 것을 수직적 정렬이라 부르고, 동료 팀이나 부서와 나란히 서는 것을 수평적 정렬이라고 부른다. 내가 이 회사에서 했던 목표 수립 과정은 이 두 가지 정렬로 설명이 된다.

암튼 여기까지 하면 생각만큼 시일이 오래 걸리지 않았을 것 같다. 나는 뭔가 제대로 보여주겠다는 생각으로 개인별 업무 목표 설정까지 함께 진행했는데 일을 다 마치고 나자 2개월이 흘러 있었다.

그러나 개인별 업무 목표 설정 과정은 부서장들의 몫이라는 게 내 판

단이다. 부서장은 성과관리 차원에서 코칭과 피드백을 통하여 개인의

업무 목표를 설정하도록 유도하고 최종적으로 점검, 평가하는 것이 일

반적이다.

공유란 부서별 언어로
바꾸어 전달하는 것

플랜을 짜는 이 전체 과정은 공유와 참여라는 두 가지 개념으로 요약된다.

먼저 공유다. 공유란 사장의 큰 그림을 부서에게 전달하는 것을 말한다. 그러나 이 단어가 의미하는 1차적인 뜻처럼 '전달'만 한다고 끝나는 게 아니다. 예를 들면 사장이 부서장들 모아놓고 이렇게 이야기한다.

"우리 회사는 올해 커피 10톤을 팔 겁니다."

부서장들이 회의를 마치고 직원들에게 회사 목표를 전달한다면 어떻게 할까?

"다들 들으세요. 올해 우리 회사는 커피 10톤을 팔 거랍니다."

이건 공유일까? 아니다. 그냥 말만 옮긴 것이다. 공유한다는 말은 듣는 사람의 수준으로 바꾸어서 전달한다는 뜻이다. 이 부서에게 '커피 10톤 판매'가 의미하는 바가 무엇일까? 만일 구매부서라면 커피 10톤을 팔기 위해서는 원료를 얼마나 구매해야 할지 정해진 내용이 있다. 그에 맞게 언어를 바꾼다.

"다들 들으세요. 올해 우리 부서는 커피원료 20톤을 구입해야 합니다."

물론 회사 목표도 알려준다. 그러나 둘 중 하나를 알려주어야 한다면 그건 '부서가 해야 할 일'이다.

- 공유 : 각자의 역할(책임 범위) 안에서 실행해야 할 전략 목표 형태로 바꾸어서 들려주는 일

공유를 위해서는 ❶ 부서의 역할(책임 범위)에 맞는, ❷ 전략 목표여야 한다. 이 두 가지가 중요하다.

A 회사의 경우, 사장은 3년 중장기 전략을 통해서 회사 차원의 전략을 설정했다. 예컨대 이 가운데 하나가 1회용 식품 분야를 새롭게 개척해야 하는 내용이 담겨 있다.

- 회사 미션 : 3년 뒤 종합식품회사로 거듭나기
- 회사 전략 : 1회용 식품 개발 및 출시

이 경우, 개발부는 1회용 식품을 개발해야 하고, 기획부 혹은 사장 차원에서 공장 부설과 관련된 일을 처리해야 하며, 영업부는 판매 루트를 개척해야 하고, 또 마케팅부는 시장과 고객을 분석해서 자료를 배포해야 한다.

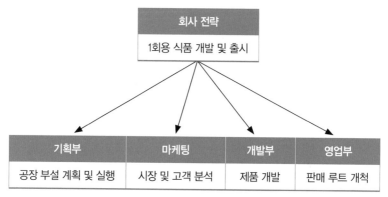

회사 전략			
1회용 식품 개발 및 출시			

기획부	마케팅	개발부	영업부
공장 부설 계획 및 실행	시장 및 고객 분석	제품 개발	판매 루트 개척

〈공유란 회사 전략을 부서별 전략 목표로 바꾸어서 전달하는 것〉

이때 〈회사 전략〉을 부서별 전략 목표로 바꾸는 주체가 누가 되어야할까? 정해진 게 있을 리는 없으나 내가 생각하기에는 중간관리자(팀장이나 부서장)가 적합해 보인다. 물론 사장이 부서별 가이드를 줄 수 있다. 구체적으로 해야 할 일을 정할 수도 있다. 그러나 공유가 제대로 되려면 단순히 명령하달 식으로 하면 곤란하다고 생각한다. 직원의 몰입을 높이기 위해서는 일방적으로 일을 시키는 것보다는 책임과 자율 안에서 스스로 길을 모색할 수 있도록 권한을 부여하는 게 옳다. 그래서 나는 공유의 주체는 사장이 아니라 중간관리자(팀장이나 부서장)가 되어야 한다고 생각한다. 사장은 가이드 수준의 언급이 좋을 듯하고, 나머지는 공유의 주체에게 맡기자.

참고로, 전략을 공유했으면 주기적으로 진척 사항을 점검하고 피드백을 주면서 성과를 관리해야 한다.

공유 이후 의사소통 및 관리의 한 예 ❶

회사 : 매 월/매 분기/매 6개월 단위 사업계획 진척사항 공유

부서 : 매 주/매 월/매 분기/매 6개월 단위 성과관리 점검 및 피드백

개인 : 개인별 업무목표에 의한 성과관리

공유 이후 의사소통 및 관리의 한 예 ❷

주간 제안발표회의 – 매주 화요일 오전 10시

월간 업무공개회의 – 매월 마지막 주 금요일 오전 9시

반기별 워크숍   – 사업별 점검(우수팀 및 직원 포상)

둘째, 참여다.

참여란 부하직원들의 생각을 들어보는 과정을 의미한다. 과장은 부서별 전략이나 목표를 세울 책임이 없는 사람이다. 그러나 부서장은 과장 등이 참여하여 부서별 전략이나 목표를 세우는 데 아이디어를 제공하도록 만들 수 있다. 마찬가지로 사장은 회사 차원의 큰 그림을 마

련하는 과정에서 팀장과 부서장의 의견을 들어보고 아이디어를 요구하여 반영하는 방법을 생각해 볼 수 있는데 이것이 참여에 해당한다.

공유와 참여는 사실 근거가 되는 철학이 다르다. 공유를 한다는 말은 각자의 역할을 존중하고 그들에게 권한을 일임한다는 의도가 깔려 있다. 그건 너의 일이니 네가 결정하라는 얘기다. 그러나 참여는 내 책임의 일이지만 너의 도움이 필요하다는 것이다. 그러나 사장 입장에서는 평소 내가 누리던 모든 권한을 일부 떼어준다는 공통점이 있으며, 반대로 직원 입장에서는 시키는 대로만 하던 관행에서 벗어나 본래의 내 역할을 수행하고, 나아가 비공식적으로 상위의 업무를 경험하고 조직의 결정사항에 보탬이 된다는 의미가 있다.

보수적인 회사와 개방적인 회사 사이에는 다음과 같은 진폭의 차이가 존재한다.

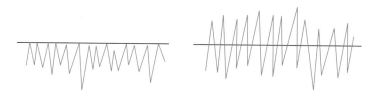

▌ 자기 역할의 한계 아래에서만 일하는 회사(왼쪽)와 자기 역할의 위와 아래로 넘나들며 일하는 회사(오른쪽)

이건 어떤 차이가 있을까? 역할의 한계 아래에서만 움직이는 회사는 상위의 업무에 대해서 무관심해지기 마련이다. 반면 진폭이 넓은 회사는 선행적으로 상위 업무를 익힐 수 있으며, 또한 연습이 가능해지고, 무엇보다 회사 차원의 큰 그림에 대해서 한 걸음 더 다가서게 하는 효과가 있다. 만일 부서장이 제시한 의견이 회사 차원의 큰 그림 그리기에 반영되었다고 한다면 해당 부서장은 자기 일처럼 그 일을 실행하려고 하지 않을까? 당연한 일이지만 업무 몰입도는 그만큼 더 커지며 성과를 높일 수 있는 가능성도 그만큼 상승한다.

그리고 무엇보다 상위 업무에 참여하도록 유도하는 회사 분위기는 뜻밖에도 직원의 역량을 발견하는 시간이 되기도 한다. A 회사의 경우도 그랬다. 부서별 사업계획을 마련하는 자리에서 몇몇 인재들은 미처 예상치 못했던 재능을 발휘했다. 창의적인 아이디어부터 아주 현실적인 대안 마련까지, 시장에 대한 통찰력부터 고객 분석까지 사장이 한 번도 생각지 못했던 영역에서 날카로운 의견이 번득였다. 입사 5년차인 김 부장은 평소에 과묵한 사람이었다. 그러나 멍석을 깔아주자 평소의 생각을 펼치기 시작했는데 특히 전체를 조망하는 시야가 뛰어났고, 폭넓은 계획이 인상적이었다. 그는 타 부서와의 협업 역량도 우수했다. 또한 입사 1년차인 모 과장은 시장 상황과 고객 분석에서 깊고 넓은 통찰력을 보여주었다. 입사 1년차 과장에게서 기대하기 힘든 인사이트였다. 이 모든 과정을 나와 함께 지켜본 사장은 한편으로 놀라면서 한편으로 흐뭇해했다.

공유와 참여는 단순히 사장의 생각을 전달하는 것이나 아이디어를 이끌어내는 데 목적이 있는 게 아니다. 실행 차원에서 동기 부여가 되며 업무에 집중할 수 있는 길을 열어준다. 직원의 몰입도를 높이는 데 결정적 역할을 한다.

마지막으로 한 가지만 덧붙이면 A 회사를 비롯한 많은 업체가 플랜에 취약하다. 플랜으로부터 모든 일이 시작되어야 한다는 사고방식을 갖고 있지 못하다. 그런데 플랜을 위한 사고방식이란 단순히 계획을 잘 짜는 것만을 가리키는 게 아니다. 공유와 참여에 대해서도 전략적으로 접근할 수 있다는 말이며, 이 과정을 통해 직원 전체가 플랜에 관심을 가질 수 있도록 유도할 수 있다는 뜻도 내포하고 있다. 계획만 짤 줄 아는 바보는 '내가 짠 계획은 훌륭한데 왜 실행이 안 될까?' 하고 엉뚱하게도 직원 탓만 하는 경향이 있다.

직원 보상을 위한
제안

앞서 나는 비전 가운데 하나는 '반드시!' 직원 복지와 보상에 대한 내용을 넣어야 한다고 강조했다. 사실 물어보면 복지와 보상을 생각하지 않는 사장은 드물다. 그러나 막상 이를 실천하고 실행하는 사장은 의외로 많지 않다. 여기서는 보상 정책에 대해서 몇 가지 원칙이 될 만한 내용을 소개한다. 당연한 이야기지만 한 번 더 강조한다.

"보상은 직원의 몰입을 완성시키는 마지막 퍼즐이다!"

❶ 보상에 대한 신뢰 확보하기

다음 빈 동그라미에 들어갈 적합한 단어는 무엇일까?

Q. 업무를 잘하면 ○○이 많아진다.

1) 월급

2) 휴식

3) 업무

보상 정책이 제대로 자리 잡지 않은 회사에서는 3번 답변이 주종을 이룬다. 일을 잘했더니 돌아오는 것이라곤 일밖에 없다는 자조의 목소리를 우리는 종종 듣는다. 만일 회사에 이런 분위기가 있다면 그건 보상에 대한 회사의 신뢰 관계가 깨져 있다는 뜻이다. 이 신뢰 관계를 회복하는 게 급선무다. 그래야 보상을 거는 게 효과를 발휘하기 때문이다.

❷ 책임 묻지 않기 : 긍정적인 성과에 보다 집중하기

내가 다닌 회사 가운데 가장 좋은 회사는 아메리칸익스프레스카드였다. 이곳은 직원에게 책임을 묻지 않았다. 회사가 월급 주고 일을 시킨 직원에게 아무런 책임을 묻지 않는 게 정상일까? 그 자체로는 이상해 보인다. 그러나 과거를 지향한 책임 묻기와 미래를 지향한 책임 묻기를 구분지어 생각하면 전혀 이상하지 않다.

직원의 성과 달성이 기준 미달이라고 판단될 때 회사가 부정적인 피드백을 주는 건 어느 정도 일상적인 행위다. 그러나 이때 부정적인 피드백만을 주고 그치는 게 아니라 향후 개선에 도움이 되는 피드백을 함께 준다. 이게 '미래 지향적 책임 묻기'다.

나아가 긍정적인 성과에 보다 집중해서 피드백을 주는 것도 좋은 방법이다. 못한 일보다 잘한 일에 집중해서 칭찬과 격려를 주고 역시 보다 잘할 수 있는 방안을 제시한다.

만일 미래 지향적 피드백이 아니라 과거에 집중하여 책임을 묻기 시작하면 직원은 의욕을 잃게 된다. 책임이 직원 개개인에게 전가되는 모습은 단지 책임을 지는 해당 직원만의 문제가 아니다. 이를 옆에서 지켜본 모든 직원은 이제부터 수동적으로 업무에 임하게 된다. 나도 그렇게 했다가는 책임을 질 수 있다! 이와 같은 분위기에서는 아무리 보상을 걸어도 적극성을 보이지 않는다. 만일 보상의 효과를 제대로 누리려면 일단 과거 지향적 책임 묻기는 자제하는 것이 좋아 보인다. 아무리 보상이 좋아도 잘하는 건 당연한 거고 못하는 건 혼나는 일이라고 여겨지면 다들 몸 사리기 바빠진다.

❸ 보상 잘게 쪼개기

진화론적 관점에서 인내–보상 시스템이 인간의 뇌에 장착된 것은 사냥 때문이라고 한다. 사냥은 여러 날 쫄쫄 굶주리면서 사냥감을 추격하는 행위다. 만일 이때 사냥감을 잡을 수 있다, 끼니를 해결할 수 있다, 부족을 먹여 살릴 수 있다는 보상을 기대할 수 없다면 아무도 그와 같이 어려운 과정을 견뎌내지 못한다.

그런데 인내–보상 시스템에는 시한이 존재한다. 굶어죽을 때까지

기다릴 수 있는 사람은 없다. 인내의 시간은 사람마다 차이가 존재하겠지만 내가 제안하는 것은 잘게 쪼개기다.

어느 미식축구 팀의 주전 쿼터백이 경기 도중 부상을 당했다. 선수층이 얇았던 이 팀의 감독은 어쩔 수 없이 후보 선수 한 명을 대타로 출전시켜야 했다. 그런데 선수를 준비시키던 감독은 후보 선수가 걱정이었다. 너무 잘하려는 욕심에 장거리 패스를 시도하다가 실패라도 하면 기가 죽어서 앞으로 창창한 선수 인생을 한순간에 망칠지 모른다. 그래서 후보 선수를 불러서 이렇게 말했다. "짧은 스윙 패스만 던져. 너무 멀리 던지지 마."

짧은 스윙 패스는 상대적으로 성공확률이 높다. 감독은 이 큰 무대에서 후보 선수가 적응하려면 작은 성취부터 맛보아야 한다고 생각하고 이와 같이 주문했다.

이 이야기는 조직 이론의 거장 칼 와익 미국 미시간대 교수의 '작은 승리 전략(Small Wins Strategy)'의 핵심을 잘 보여준다. 2011년 삼성 세리(SERI)에서도 신입사원 조기 정착 방안을 위해 *스마트 스타트(S.T.A.R.T.)'를 발표하며 그 중 하나로 '초기 성공 경험의 중요성'을 언급한다. 작은 승리 전략은, 보통 신입사원의 적응력을 높이기 위한 방법으로 많이 인용되지만 직원 보상과 관련된 문제에서도 똑같이 적용될 수 있다.

아마도 사장 입장에서는 아직 성공이라고 말하기에는 민망한 수준일 수 있다. 그러나 조금이라도 성과가 나타나면 성공의 과일을 일찍 맛보게 하자. 조금씩 일정한 주기별로 계속 보상을 주었을 때 동기가 지속된다. 모바일 게임 회사들이 게임 내에 보상 시스템을 도입한 것도 사람의 이런 심리 때문인데 그들은 게임 유저가 작은 보상이더라도 자주 보상을 받았을 때 더욱 게임에 몰입하는 현상을 실제로 확인했다. 보상의 총량이 같더라도 보상을 주는 시기를 짧게 가져가고, 대신 보상의 양을 조절하자.

❹ 보상에는 비금전적 요소도 있다

돈이 전부가 아니다. 사실 공유와 참여도 일종의 보상감을 주는 장치들이다. 좋은 회사 분위기를 만드는 것도 하나의 보상으로 작용한다. 직원 스스로가 성장할 수 있는 환경에서 일하고 있다는 믿음은, 그 자체로도 충분히 매력적인 보상 작용이 된다. 선배 직원과 멘토-멘티 관계로 맺어져 있거나 혹은 사내 작은 모임이 활성화되어 있다면 금상첨

---

* 2011년 11월 SERI(삼성경제연구소)는 많은 기업과 조직에서 고민하고 있는 신입사원의 장기 고용유지를 위하여 신입사원 조기 정착을 위한 스마트 스타트(S.T.A.R.T.)를 발표하였다. 주된 내용은 다음과 같다.
첫째, Selection. 기업 고유의 선발 방식을 모색하라. 자사에 맞는 선발 방식을 지속적으로 개발할 필요가 있다.
둘째, Truth. 입사 전 회사와 직무에 대해서 사실대로 알려줘라.
셋째, Achievement. 입사 초기에 성공을 경험하게 하라. 입사초기의 성공경험은 앞으로의 회사 생활에 매우 긍정적으로 작용한다. 성공 경험 프로그램을 운영해 보는 것도 좋은 방법이다.
넷째, Route. 성공경로를 보여 줘라. 이직에 가장 영향을 미치는 것이 성장 비전의 부족이다. 직무별 성장 비전을 제시하는 것이 중요하다.
다섯째, Talk. 끊임없이 소통하라. 신세대의 특성을 고려한 소통으로 정서적 만족도를 높일 수 있다.

화다.

작은 회사일수록 사장과 직원이 만날 기회가 많으므로 이런 기회를 더욱 활용하는 게 좋다. 칭찬을 하는 것도 좋고 격려를 하는 것도 좋다. 보상에 대해서 리마인드시켜주는 것도 한 가지 방법이 된다. 주의할 점은, 립서비스에 그치면 안 된다는 점이다. 대표적인 립서비스가 직원이 한 일에 대해서 정확한 표현을 하지 않고, 두루뭉술하게 '이번에 일 잘했어.' 하고 넘어가는 것이다. 이보다는 다음과 같이 구체적으로 표현한다.

"지난 달 실적이 10이었는데 이번 달 실적이 12가 되었네요. 수고 많았어요. 앞으로도 잘 부탁해요."

"지난 번 기안한 아이디어는 반영하지 못했는데 이런 점이 참 좋았어요. 이런 식으로 다듬으면 더 좋아 보여요."

칭찬의 내용은 성과만이 아니다. 일찍 출근해서 모범을 보이는 게 참 듬직하다, 부하직원을 배려하는 모습이 보기 좋다 등등 찾기 시작하면 한도 끝도 없는 게 칭찬이다. 칭찬과 관련된 기술은 시중에 책도 많이 나와 있으니 한 번쯤 참고해 보면 좋겠다.

한편 직원의 경력개발계획도 비금전적 보상의 하나가 될 수 있다. 회사는 개별 직원의 장기적 성장 계획을 마련해 주고 주기적으로 점검하고 지원한다. 앞날에 대한 비전과 발전만큼 직원을 조직에 오래 머무르게 하고 동기부여하며 현재 하는 일에 몰입하게 하는 일은 없다.

❺ 보상 샘플

사장이 도전적인 목표를 세우고 직원들이 힘을 내서 실행을 하여 목표 달성이라는 결과물을 얻었다면 이 결과물은 어떤 식으로든 회사 전체에 뿌려지는 게 좋아 보인다. 예컨대 다음과 같은 방식은 한 가지 예가 될 수 있다.

성과급제도 실행

- 매출목표 100% 달성 : 월급 대비 100% 상여금 지급
- 매출목표 110% 이상 달성 : 월급 대비 200% 상여금 지급

직원포상 여행

- 매출목표 90% 달성 : 전 직원 2박3일 제주도 여행
- 매출목표 100% 달성 : 전 직원 2박3일 동남아 여행
- 매출목표 110% 달성 : 전 직원 3박5일 호주 여행

물론 보상 방식은 회사마다 개인마다 차등이 있을 것으로 보인다. 그러나 차등이 있든 없든 보상은 그 자체로 매우 중요한 동기부여다. 사장의 3년짜리 사업계획을 밀고 가는 원동력이 될 뿐 아니라 다시 3년 뒤의 새로운 비즈니스에서도 앞으로 나아갈 힘이 되기 때문이다.

⑥ 모든 게 회사를 위한 일이다

보상을 비용이라고 생각하는 경우가 있을지 모른다. 그러나 아니라고 생각하기를 바란다. 보상은 절대 비용이 아니라 투자다. 직원들은 물론 월급과 노동의 교환을 내용으로 회사와 계약을 맺은 것이지만 그렇게만 보면 안 된다. 보상은 직원을 회사의 주인으로 만들어주는 힘을 갖고 있으며, 직원 입장에서도 그만큼 자신의 역량을 극대화하는 요인이 된다. 그러므로 보상에 대해서도 전략투자적 개념으로 접근할 필요가 있다. 보상은 모든 직원을 대상으로 해야 하며, 팀성과, 개인성과 등으로 구분해야 한다. 또한 정당해 보이지 않는 보상 체계는 직원들의 불화, 갈등의 원인이 되므로 주의하지 않으면 안 된다.

몰입의 법칙으로 마무리하자. 몰입은 공유와 참여와 보상의 곱하기로 이루어졌다. 지금까지 공유, 참여, 보상에 대해서 설명했는데 마지막으로 곱하기에 대한 설명이 없었다. 왜 이 공식에 곱하기를 넣었을까? 그렇다. 공유나 참여나 보상 가운데 단 하나라도 0이 되면 전체가 0이 된다는 사실을 보여주기 위해서였다. 반대로 어느 하나라도 0이 없고, 또한 1보다 큰 수라면 그 크기는 우리의 기대치를 뛰어넘는 결과로 돌아온다.

6장

마지막
세 번의 필터링으로
사업계획 최종 점검하기

●

: 납득/단순/명료의 거름망 :

납득의 거름망으로
막연함을 제거하라

우리는 지금까지 3가지 일을 했다. 계획을 짰고, 비즈버그를 알아보았고, 비즈버그 제거법을 배웠다. 이제 출발해도 되는가? 머릿속에 전체 그림이 그려져 있다면 문제없을 것 같다. 그러나 노파심에서 최종적으로 사업계획을 점검하기로 하자.

1장에서 작성한 사업계획을 최종 점검하기 위해 우리에게 필요한 3가지 필터가 있다. 이 필터는 사업계획 안에 끼어 있는 불순물을 제거하기 위한 것으로 거름망을 거치고 나면 사업계획이 한결 날렵해질 것으로 생각된다.

첫 번째 필터의 이름은, 납득의 거름망이다. 당신의 사업계획은 과연 납득할 만한 수준인가? 누가 보더라도 고개가 끄덕여지는가? 돈을 준다고 해도 절대 팔지 않을 것인가? 경쟁업체에 유출되면 안 될 만큼 중요한 인사이트가 담겨 있는가?

납득의 거름망을 통해 우리가 점검할 것은 장기적 전략이다. 미션과 비전은 사장 개개인이 추구하는 가치와 기대가 반영된 것이기 때문에 좋다 나쁘다 단정할 수 없다. 그러나 전략은 다르다. 전략은 우리가 직접 밟고 건너야 할 징검다리다. 시냇물에 놓기 전에 단단한지 두드려 보자.

첫째, 전략의 유효기간이다. 당신의 전략은 올해뿐 아니라 내년에도 작동이 가능할까? 나아가 후년에도 이상이 없을까? 조금 더 가서 3년이나 5년 뒤에는?

아마존 CEO 제프 베조스는 어느 공공기관 인터뷰 자리에서 전략의 유효기간과 관련된 이야기를 한 적이 있다. 그는 장기적 전략이라는 표현 대신 '빅 아이디어'라는 표현을 쓴다.

"한 가지 도움말을 더 드리죠. 창업자를 비롯하여 이보다 더 큰 회사들, 규모 있는 조직이나 국가기관에 드리는 조언입니다. 여러분의 빅 아이디어가 무엇인지 잘 포착해야 합니다. 빅 아이디어는 많아야 두세 개여야 합니다……."

아마 여러분의 전략은 이보다는 조금 더 많을 수 있다. 그래야 한두

개 차이다.

> "조직의 가장 위쪽에 위치한 리더들은 이 두세 개의 빅 아이디어를 포
> 착한 후 이를 강력한 실행력을 통해 현실화해야 합니다. 다행히도 빅
> 아이디어들을 포착하기가 매우 쉽습니다. 복잡하게 생각할 필요가 없
> 어요. 이미 다들 알고 있어요. 예를 들면 아마존의 온라인 쇼핑몰은
> 세 가지 빅 아이디어를 갖고 있습니다. 낮은 가격, 빠른 배송, 그리고
> 방대한 선택의 폭입니다. 이 세 가지가 빅 아이디어가 되는 이유는 너
> 무도 당연하기 때문입니다……."

여기서 중요한 키워드가 등장한다. '당연함'이다. 이건 일종의 감정
이다. 척 보면 그런 느낌이 든다는 말이다. 실제로 그가 언급한 아마존
온라인 쇼핑몰의 3가지 빅 아이디어는 새삼스러울 게 없다. 어디서 많
이 본 것 같다. 솔직히 이게 아니면 달리 뭐가 있는지도 모를 정도다.
일본의 대표적인 다치코바(동네공장) 에이원정밀은 37년간 수익률을
35% 달성했는데 그들의 전략(혹은 빅 아이디어) 역시 3가지였다. 짧은
납기, 적정 가격, 뒤지지 않는 품질! 짧은 납기와 빠른 배송은 의미가
같고, '뒤지지 않는 품질'이 '방대한 선택의 폭'으로 바뀌었을 뿐이다.
사실 아마존은 제조업체가 아니므로 품질이 그들의 전략이 될 필요는
없어 보인다. 입점 과정에서 걸러내면 되니까. 대신 그들은 경쟁업체
보다 선택의 폭을 넓히는 것으로 무기를 삼는다. 아무튼, 그들의 3가지

빅 아이디어는 '이게 아이디어일까?' 싶을 만큼 너무 당연해 보인다.

> "빅 아이디어들은 당연해야 합니다. 그런데 이 당연한 것들을 항상 마음에 두고 있기가 상당히 어렵습니다. 왜냐하면 사소한 일들이 자꾸만 여러분의 시선을 빼앗기 때문이지요."

이 대목도 중요한 내용을 담고 있다. 기억할지 모르지만 우리는 1장에서 사업계획 아이디어는 사장 자신으로부터 나와야 한다고 지적한 적이 있다. 사장도 사람이다 보니 옆 공장 사장이 요즘 잘나간다는 말을 들으면 솔깃해지기 마련이다. 더구나 잘나가는 기업들의 아이디어는 매일 매체를 통해 퍼지고 있다. 남의 떡에 흔들리지 말아야 한다는 말이다.

> "그럴 때마다 잠시 한 걸음 뒤로 물러서서 우리의 빅 아이디어가 무엇인지 떠올려야 합니다. 어떻게 하면 배송 기간을 단축할 수 있을까? 어떻게 하면 비용을 절감하여 가격을 낮출 수 있을까? 빅 아이디어의 훌륭한 점은, 시간이 지날수록 자기 자리를 찾아서 정상궤도에 진입한다는 점입니다. 저는 이렇게 확신을 할 수 있습니다. 10년 후에도 사람들은 여전히 저렴한 가격을 좋아할 것이다. 기술이 어떻게 변하든 사람들은 빠른 배송을 좋아할 것이다. 저는 이런 고객의 반응을 결코 상상할 수 없습니다. '제프, 아마존은 정말 다 좋은데 배송만 좀 늦

취주시면 좋겠어요.'"

제프 베조스는 왜 빅 아이디어가 당연해야 하는지 그 이유를 설명한다. 10년 뒤에도 여전히 유효성을 갖고 있기 때문이다. 전략의 유효기간은 이런 이유로 중요하다. 마저 이야기를 들어보자.

"빅 아이디어를 찾아내는 건 어렵지 않습니다. 빅 아이디어를 찾아낸 다음에는 여기에 지속적으로 에너지를 투입할 수 있어야 합니다. 이렇게 선순환을 만드는 것이고, 그러면 10년 뒤에도 안정적으로 이득을 취할 수 있는 것입니다."

빅 아이디어가 '전략'이라면 '지속적으로 에너지를 투입하는 것'은 전술에 해당한다. 예컨대 부산발 대마도행 선박이 정해진 항로(전략)로 가기 위해서는 수시로 변하는 바람과 물결의 방향에 맞게 엔진 출력을 조정하고 조타를 통해 배를 조정(전술)해야 한다.

제프 베조스의 이야기에 어려운 말이 있는가? 딱 두 가지만 우리의 사업계획에 대입해 보면 된다.

– 나의 전략은 유효기간이 몇 년인가?
– 나의 전략은 어느 정도의 당연함을 갖고 있는가?

둘째, 근거다. 이 전략의 근거가 뭔가? 미션이나 비전은 뒷받침하는 자료가 필요 없다. 반면 전략에는 근거가 있어야 한다. 만일 아마존의 3가지 빅 아이디어처럼 누가 보더라도 당연한 전략이라면 굳이 자료까지 붙여가며 '이게 진리야.'라고 말할 필요는 없다.

그러나 제프 베조스 이야기는 사실, 좀 너무 나갔다. 너무 상위의 이야기만 하고 있다. 너무 당연한 이야기는 말하지 않는 것만 못할 때가 있다. 그래서 수위를 약간은 낮출 필요가 있다. 아마도 당신의 전략 역시 수위가 조금 더 낮을 것이다. 그러나 수위를 낮추다 보면 전략 자체만으로 동의하지 않는 사람이 나타날 수 있다. '당연함'이 약간 퇴색하기 때문이다. 그들에게 제시할 근거가 있는가? 물론 그저 감일 수도 있다. 그렇다면 이 감은 어떻게 생긴 것일까? 이 감을 갖게 된 경험 혹은 자료가 분명 존재할 것 같다.

예컨대 3년 뒤에 온라인에서 전체 매출의 70%를 거두어야 한다는 전략을 세웠다면 우리는 이 전략이 최근의 온라인 매출 증가량과 관계가 있음을 어렵지 않게 짐작할 수 있다. 그럼에도 전체 시장의 온라인 매출 증가량 데이터 대신 내 사업 분야의 온라인 매출 수치를 따로 확인하는 과정은 필요하다.

예컨대 동네 쉼터 같은 맘(mom) 좋은 카페를 만들겠다고 생각했다면 '노키즈존'의 확대나 여론, 카페 입지의 주민 분포(아이를 둔 가정의 수), 자녀를 둔 동네 엄마들의 카페 모임의 성격 등을 근거 자료로 만들 수 있다.

예를 들어 출간하는 책의 50% 이상을 전자책으로 출간하기로 계획을 세웠다면 지난 수년간의 종이값 상승률과, 최근 20%를 웃돌기 시작한 전자책 시장의 점유율과 상승세 등을 근거 자료로 제시할 수 있다.

예를 들어 애완동물 보험상품을 출시하겠다고 전략을 세웠다면 반려동물의 증가수와 유기견 등 버려지는 동물의 숫자, 동물병원의 매출액, 수술비용, 애완동물의 수명 등을 조사한 자료를 붙일 수 있다.

이런 자료를 사람들에게 제시했을 때 대략 70~80% 수준에서 나와 똑같은 감을 갖게 된다면 그건 자료로서 가치가 있다는 뜻이다. 반드시 찾아서 붙여야 한다.

아마 이 과정에서 내 전략의 근거가 되는 감이 실은 오해나 지나친 낙관에서 비롯된 것임이 밝혀질 수도 있다. 그렇다면 정말 좋다. 우리가 근거 자료를 찾는 여러 이유 가운데 하나는 나의 무의식적 오류를 점검하고 시장을 객관적으로 바라보기 위해서다. 동시에 내가 재차 납득하여 확신을 1cm라도 더 높이는 계기를 만들기 위해서다. 사업이 본격 가동되면 시간이 없다. 한창 암벽 타고 절벽 넘는다. '이 산이 아닌 것 같다'고 얘기할 틈도 없다. 비용 다 쏟아 붓고서야 실패를 발견할 수도 있다. 그래서 지금 더 많이 두드려 보아야 한다.

근거 자료를 마련하면 막연한 감이었을 때와 달리 나는 이제 누구에게라도 이 전략의 현실성에 대해서 말할 수 있다. 직원들에게 전략을 공유하는 데도 자신감이 생긴다. 누가 거역하랴!

단순의 거름망으로
복잡함을 제거하라

복잡한 사업계획은 실행이 힘들다. 모든 게 심플해야 한다. 두 번째 필터는 단순의 거름망이다.

마이클 G. 룩스태드(Michael G. Rukstad)와 데이비드 J. 콜리스(David J. Coliis)는 하버드 비즈니스 리뷰에 다음과 같은 제목의 기사를 실었다.

"35단어로 회사의 전략을 말하라."

압축 설명이 가능하다면 기업 성과도 높아진다는 얘기다.

"우리의 경험에 따르면 극소수 임원만이 이 간단한 질문에 솔직하게 '예'라고 대답할 수 있다. 그리고 그런 임원이 일하고 있는 기업은 업계에서 가장 성공적인 위치에 올라 있기도 하다."

그들이 제시한 사례는 주식중개업체인 에드워드 존스다. 이 회사는 미국에서 4번째로 큰 중개업체로 20년간 시장 점유율을 네 배로 증가시켰으며 포춘지가 선정하는 '일하고 싶은 기업'에 단골손님으로 등재된다. 이 회사는 전 직원 3만 7천 명이 '전략 선언문(strategy statement)'을 자기 언어로 표현할 수 있다. 그게 가능한 이유는 전략 선언문을 핵심 요소 중심(목표, 사업 범위, 경쟁우위)으로 간결하게 다듬었기 때문이다.

그러나 플랜을 단순하게 만들어야 한다는 말은, 무조건 짧게 만들라는 뜻이 아니다. 짧은 것 자체보다는 '실행'을 염두에 두라는 말이다. 2018년 러시아 월드컵에서 히딩크 전 국가대표 감독은 신태용 현 감독의 전략을 비판하며, 그가 초보 감독이 저지르기 쉬운 실수, 즉 전략을 너무 복잡하게 설계했음을 지적했다.

복잡한 것은 일견 그럴싸해 보이지만 요소가 많기 때문에 실행에 제약이 따른다. 구성원 각자가 현장 피드백에 반응할 수 있는 여지를 남겨주어야 하는데 플랜 설계가 너무 촘촘하면 그게 불가능해진다.

플랜을 촘촘히 설계하는 이유 가운데 하나는, 물론 사장의 꼼꼼함도 한 가지 이유가 되겠지만 의외로 구성원을 수동적 존재로 바라보는 시각이 존재한다. 즉 구성원을 계획을 수행해야 하는 사람으로 여긴다. 그러나 엄밀히 말하면 구성원은 계획의 일부다. 계획은 구성원을 만나 비로소 능동적인 대응이 가능해지기 때문이다. 그래서 구성원이 계획의 일부가 될 때, 즉 필드 상황에 따라 자율적 판단을 내릴 수 있을 때 플랜은 정상적으로 실행이 가능해진다.

사장의 전략은 방향성을 의미할 뿐, 그 자체로 구체적인 실행 전술이 되어서는 안 된다. 심지어 부서장 차원에서 구성원 개인의 액션 플랜을 짜더라도 그 플랜은 단기간에 해야 할 일에 국한되어야 한다. 실행의 중심인 직원은 아주 심플한 형태의 '실행 유닛' 하나를 갖고 움직여야 하며, 이 실행 유닛은 피드백을 받는 최초의 시점까지만 설계되는 게 옳다. '만일 이러면 이렇게 하라'고 가정법에 근거하여 처음부터 대안을 마련해두면 직원은 혼란에 빠진다. 피드백 직전까지만 세우고, 행위의 단위는 잘게 쪼개서 매우 단순한 형태의 '실행 유닛' 형태로 만들도록 한다. 머리를 쓸 필요 없이 오늘 혹은 금주에 수행할 수 있는 실천 방안이면 충분하다.

이를 위해 사장의 전략이 너무 디테일하거나 너무 구체적인지 확인한다. 만일 지나치게 디테일까지 설계되어 있다고 생각되면 조금 더 여유를 주는 쪽으로 느슨하게 만든다. 다양한 변수를 끌어안을 수 있을 만큼 폭이 넓으면 좋다. 때로는 아마존의 3가지 빅 아이디어처럼 너무 당연하고, 너무 무뎌 보일 만큼 일반화시키면 '단순함'은 달성된다.

플랜을 심플하게 만들기 위해 앞으로 돌아갈 필요는 없다. 다음 페이지에 담긴 〈대담한 사업계획 작성을 위한 5P〉와 〈대담한 사업계획 작성을 위한 5대 원칙〉은 앞에서 다룬 이야기들의 90% 이상을 담고 있다. 또한 이 내용들은 내가 현장에서 사용하고 있는 툴이기도 하다. 이 내용에 맞게 당신의 사업계획을 살펴보면서 그에 맞는 최소한의 답변 혹은 포용력이 넓은 플랜만으로 간추린 후 시작하는 게 좋다.

:: 대담한 사업계획 작성을 위한 5P ::

※ 오른쪽 표와 동일한 내용이다. 다만 질문을 통해서 사업계획을 점검한다.

❶ Plan
- 올해 계획이 3년 계획과 연계되었는가?
- 집토끼에 대한 태도가 결정되었는가?
- 산토끼에 대한 계획이 수립되었는가?
- 올해 사업별, 제품별 매출 목표가 설정되었는가?

❷ People
- 핵심 포지션을 파악했는가?
- 핵심 포지션을 수행할 핵심인력을 확보했는가?

❸ Pipe
- 사장의 계획을 어떻게 공유할 생각인가?
- 직원들의 참여계획은 마련했는가?
- 지속적 의사소통을 위해 무엇을 할 생각인가?

❹ Promise
- 보상 방안을 마련했는가?
- 어떻게 직원들에게 동기를 부여할 계획인가?

❺ Pick
- 전략과 플랜은 당장 실행 가능한가?
- 전략과 플랜은 우리 회사가 실행하기에 적합한가?

:: 대담한 사업계획 작성을 위한 5대 원칙 ::

※ 왼쪽과 동일한 내용을 담고 있다. 다만 구체적 표현을 통해 방향성을 제시한다.

❶ 연간 계획을 미션, 비전, 중장기 전략/중장기 사업계획과 연계하라
1) 사업부문(Business Profile) & 판매제품(Product Mix)
2) 집토끼(기존사업/거래선) & 산토끼(신사업/가망고객) 개념

❷ 사업계획의 구동역량을 확보하라
1) 사업계획 수립/실행을 위한 핵심인력의 확보
2) 부서장/팀장의 적극 동참과 지지

❸ 공유하고 참여시켜라 & 의사소통하라

❹ 명확한 보상(동기부여 차원)

❺ 우리 몸에 맞는(오늘이라도 당장 실천 가능한, 사용 편리한) 전략과 사업계획을 마련하라

명료의 거름망으로
모호함을 제거하라

세 번째 필터는 명료의 거름망이다. 무엇이 명료해야 한다는 말일
까? 표현이다. 주의하자. 내용이 아니다. 따라서 내용의 모호함이 아
니라 표현의 모호함을 제거하는 게 핵심이 된다.

표현이 명료한 게 내용이 명료한 것 아닌가 하고 질문을 던질 수 있
다. 맞는 말이다. 표현은 내용의 형식이므로 표현이 명료해지면 내용
도 명료해지는 게 일반적이다. 그러나 이 말은 반만 맞고 반은 틀리다.

만일 과거의 사실에 대해서 이렇게 말하면 전적으로 옳다.

"우리나라는 1945년 광복을 맞이했다."

이 말은 표현과 내용 사이에 아무런 괴리가 없다. 우리는 이때의 광

복이 의미하는 게 무엇인지 여러 사료와 학자들의 공통적 해석을 통해서 이 말이 의미하는 실체에 도달할 수 있다. 그런데 미래가 되면?

"우리나라는 2050년 세계 5위의 경제대국이 될 것이다."

이 표현은 아직 알맹이가 없다. 그래서 2050년 세계 5위의 경제대국이 되는 게 어떤 의미인지 우리는 아직 모른다. 다만 앞으로 그렇게 되겠다고 의지를 표명한 것일 뿐이다.

기업의 미션이나 비전, 전략도 마찬가지다. '3년 뒤 종합식품회사가 되겠다'는 말은 그 의미가 아직 불투명한 상태다. 미래 선언이란 게 모호성을 갖고 있음을 인정하면 쉽다. 미래는 지금부터 만들어가는 것이지 과거에 달성된 어떤 것을 다시 이 땅에 구현하는 게 아니다. 어쩌면 '3년 뒤 종합식품회사'를 말하면서 다른 회사의 모습을 떠올리고 있을지도 모른다. 그러나 그게 우리 회사의 3년 뒤 모습은 아니다. 그 회사가 갖고 있는 외형적인 모습은 몇 가지 흉내 낼 수 있다. 그러나 그렇다고 그게 우리 회사는 아니다. 정체성도 다르고, 걸어온 길도 다르다. 미래를 말할 때 그건 안개 속에 감춰진 보물섬인 경우가 많다. 그러므로 명료성은 내용과 무관하다는 것을 받아들이자.

가장 좋은 표현은 한 번 읽었을 때 그 뜻이 바로 이해되는 경우를 말한다. 표현의 명료성을 획득하기 위해 '3 빼기 1 더하기'를 소개한다.

3 빼기

- 빼도 되는 단어가 있다. 과감히 뺀다. 근사하게 보이기 위해서 뭔가 수상쩍은 단어들이 들어가 있을 수 있다. 오랜 습관 때문에 나에게만 익숙한 단어가 섞여 있을 수 있다. 비즈니스가 경제의 원리에 따라 돌아가듯 표현도 경제성의 원리를 따른다. 똑같은 의미를 표현하는 데 최소한의 단어를 쓰도록 한다. 단어가 적어지면 기억하기도 쉽고, 이해도 쉽다. 근사해 보이는 것을 경계하자.

- 애매한 형용사들이 있다. 탁월한, 훌륭한, 위대한······ 이런 단어도 빼자. 말 자체가 나쁜 건 아니다. 그러나 무슨 뜻인지 내용을 파악하기가 힘들다. '탁월한'이란 1부터 10까지 숫자 가운데 몇 이상을 의미할까? '위대한'이란 얼마나 위대해야 하는 걸까? 이런 종류의 형용사는 그저 어떤 느낌을 담기 위해 넣는 경우가 많은데 오해를 불러일으키기 딱 좋다. 가능하면 뺀다.

- '더'라는 단어도 빼자. '더 나은', '더 좋은' 이밖에도 '더'라는 표현이 많이 등장한다. '위대한', '탁월한'을 빼야 하는 것과 마찬가지 이유다. 특히 '더'가 되면 '경쟁에서 지지 않겠다'는 의지의 표명처럼 보이는데 경쟁자보다 '더 나은' 것보다는 고유의 정체성을 찾아가는 게 좋아 보인다. 또한 '더'가 되면 경쟁자를 의식하게 되는데 '더'를 빼면 고객을 바라보게 되는 것도 한 가지 이유다.

(※ 여기서 언급하지 않았더라도 '모호함'을 가중시키는 단어들은 빼거나 교체한다.)

1 더하기

- '우리는 고객에게 365일 맛있고 건강한 식탁을 제공한다.' 좋은 예는 아닐 수 있다. 그러나 숫자가 들어가면 뭔가 명료해 보이는 효과가 있다. 만일 숫자로 대체할 수 있는 단어가 있다면 숫자를 넣자.

한편 명료성이란 듣는 사람 중심의 언어를 의미하기도 한다. 다음 이야기를 보자.

한 젊은이가 길을 가다가 망치와 정을 들고 돌을 깨고 있는 사람들을 만났다. 젊은이는 이들이 무엇을 하는지 궁금했다. 마침 가까이서 돌을 깨는 석공이 있었다.

"여보시오. 지금 무엇들을 하는 중이오?"

석공이 대답했다.

"우리는 이 돌을 네모나게 다듬고 있는 중인데, 오늘 중으로 똑같은 네모 모양의 돌을 수십 개 만들어야 한답니다."

젊은이는 고개를 갸웃거렸다. 네모를 만든다고? 그 옆에도 또 다른 석공이 돌을 깨고 있는 모습이 보였다. 젊은이는 같은 질문을 던졌다. 그러자 두 번째 석공이 대답했다.

"우리는 이번 주까지 기둥을 세워야 해요. 벌써 수요일인가요? 일요일까지 마치려면 잠시도 쉴 틈이 없네요."

젊은이는 역시 고개를 갸웃거렸다. 기둥이라고? 마침 그 뒤편에 세 번째 석공이 망치를 내리치고 있었다. 다시 물었다. 석공이 허리를 펴며 대답했다.

"우리는 성당을 짓고 있습니다. 세 달 뒤에 완공할 예정인데 아직 갈 길이 머네요."

비로소 젊은이는 고개를 끄덕였다.

첫 번째와 두 번째 석공은 그저 일을 하는 것이다. 그들은 자기가 해야 하는 일의 범주 안에서 설명한다. 젊은이가 못 알아듣는 게 당연할지 모른다. 그러나 '성당'이라는 단어가 나오자 젊은이는 곧장 고개를 끄덕인다.

우리는 표현이 명료해야 한다고 말했다. 당신이 만든 미션이나 비전, 전략의 표현이 듣는 사람 중심으로 설계되었을 때 명료성은 자연스럽게 획득된다. 과거 소니(Sony)는 '오디오 비디오 기기 제작사'를 비전으로 내세웠다. 그러다가 이후에는 '종합 오락그룹(Total entertainment)'으로 바꾸었다. 벤츠 역시 과거에는 '고품질 자동차 회사'였다. 그러다 '국제적 하이테크 회사'로 바꾸었다.

이런 비전의 변화는 패러다임의 변화 때문이기도 하다. 과거에는 기업들이 자기중심적으로 모든 걸 만들었다. 그래서 내가 만드는 게 무엇인지 표현하면 그만이었다. 그러나 이제는 소비자 중심으로 바뀌었다. 고객이 보기에 내가 무엇을 하는지 쉽게 알아먹을 수 있어야 한다.

2001년 이미 수많은 MP3 플레이어가 각축을 벌이고 있는 시장에 스티브 잡스는 아이팟을 들고 나와서 이렇게 소개했다.

"주머니 속에 있는 1,000개의 노래(1,000 Songs in your pocket)."

그의 한마디는 이게 MP3 플레이어가 아님을 각인시키는 데 큰 기여를 한다. 2008년 맥북 에어를 선보일 때도 그가 고르고 고른 단 한마디는 다음과 같았다.

"맥북 에어가 뭐냐고요? 세상에서 가장 얇은 노트북입니다."

마찬가지다. 당신의 미션과 비전, 전략은 듣는 사람 중심으로 만들어졌는지 마지막으로 확인한다. 이때 듣는 사람은 고객과 직원을 모두 포함한다.

이와 같이 당신의 사업계획은 3가지 거름망을 거쳐 비로소 날렵한 형태로 재탄생한다. 날렵한 형태를 만드는 이유는 따로 설명할 필요가 없을 것 같다. 먼 길을 떠나는 사람은 행장이 가볍기 마련이다.

딥 다이브(Deep dive)
탈출하기

사과가 바닥에 떨어지는 이유는 무엇일까? 중력 때문이다. 반면 달이 지구로 추락하지 않는 이유는 무엇일까? 중력으로부터 충분히 자신을 지킬 만큼 거리를 유지하기 때문이다.

오랫동안 글로벌 대기업에서 일했던 나는 대기업의 시스템과 제도에 젖어 살았다. 한번은 어느 스타트업에 컨설팅을 나갔다. 나는 대기업에서 배우고 익혔던 성과 관리 방법을 곧이곧대로 이 작은 회사에 적용하려고 했는데 곧 반성하고 말았다. 내가 배운 성과 관리 방법은 대기업 조직에 적합한 것이지 신속 의사결정이 장점인 스타트업에는 맞지 않는 너무 큰 옷이었다.

대기업 출신의 창업자들 중에도 이런 사람들이 있다. 그들은 특성이 전혀 다른 스타트업을 하면서도 대기업 시절 배웠던 시스템을 구성한다. 모터보트를 마치 항공모함처럼 다루려고 한다는 말이다. 위험한 일이다.

사람은 오랫동안 시간을 보낸 곳의 질서에 함몰되는 경향이 있다. 이론도 마찬가지다. 학자들이 경영을 못하는 이유도, 배운 이론을 그대로 적용하려는 우를 범하기 때문이다.

기업체 교육에 참여해 보면 동일한 문제가 발견된다. 창의적 아이디어를 찾기 위해서 하나의 도구를 소개하고 이를 체험하게 하는데 참석자들이 나중에 도구의 형식에 사로잡혀 정작 창의적 아이디어나 실제적 성과로부터 멀어지는 모습을 자주 목격했다.

KPI(key performance indicator), BSC(balanced score card) 같은 도구는 성과관리에서 귀중한 이론이자 실행 툴이다. 인사경영 컨설턴트들은 이러한 툴 하나를 소개하는 데 많은 시간을 할애한다. 수강생들도 그만큼 중요하다고 여긴다. 이 툴들을 알게 된 기업 CEO들은 이게 회사의 성과관리 이슈를 단번에 해결해줄 것으로 기대하며 회사에 도입한다. 그런데 현장에 가보면 이상한 일이 벌어진다. 우리 회사를 위해 일해줄 것으로 기대하고 도입한 도구인데, 거꾸로 도구를 위해 회사가 일하는, 주객전도 현상이 벌어진다. 실제로 이런 도구들은 초기 데이터 입력에 많은 시간을 투입해야 한다. 월말이 되면 데이터 넣느라고 야근에 주말 특근에 정신이 없다. 정작 중요한 영업 현장은 팽개치고 데이터 입력에 시간을 다 뺏긴다.

더욱 황당한 것은 그렇게 힘들게 데이터를 입력한 끝에 다행히 KPI 나 BSC의 결과치가 좋게 나왔는데 정작 당사자는 목표 달성에 실패하는 사례도 종종 목격된다. 예를 들면 영업사원의 KPI 항목에 대리점 숫자 확장이 있다. 올해 대리점 10개 신설이 KPI 목표인데 실제로 12개 신설했다. KPI만 보면 훌륭한 영업사원이다. 그런데 매출액 목표는 80% 밖에는 달성하지 못했다. 신설된 대리점이 소규모거나 실질적으로 영업에 도움이 되지 않았기 때문이다. KPI의 숫자 놀이에 뒤통수를 맞은 경우다.

이런 프로그램이나 툴들은 사실 각각은 너무나 뛰어나다. 그러나 이 영업사원 문제처럼 부분에 함몰되기 때문에 전체 그림을 못 본다. 이 툴들의 진짜 가치는 전체를 보는 가운데 각각을 적절히 활용할 때 빛나는 데도 말이다.

이런 현상을 '딥 다이브(Deep dive)'라고 한다. 한 가지에 너무 깊게 빠져들어 수면 위로 다시 올라오지 못한다. 사업계획을 실행하는 가운데 당신은 자주 어딘가에 함몰되는 경험을 할 수 있다. 길을 가는 도중에 길 건너편의 어느 풍경이 자꾸만 시선을 빼앗는다면 그때 3가지 거름망을 거쳐 탄생한 사업계획을 꺼내들어야 한다. 사업계획은 당신이 지금 어디에 서 있어야 하는지 알려주는 지도가 된다. 집중이 나쁜 것은 아니다. 그러나 들어간 뒤에는 반드시 수면 위로 올라와서 바다 전체를 바라보아야 한다.

비즈니스가 100이라면 사업계획은 10이다. 나머지 90이 실행이다. 그러나 이 10이 없으면 90은 종종 헛발질이 되곤 한다. 종이 안에 적혀 있는 몇 글자보다 현장에서 벌어지는 수많은 사건들과 문제들이 당신을 유혹한다. 힘의 배분 문제로 치면 실행에 많은 자원을 투입하는 게 옳다. 그러나 실행은 수단임을 잊어서는 안 된다. 부분임을 잊어서는 안 된다.

"때로는 뭔가를 더 하려고 하는 것보다 뭔가를 덜 할 때 성과가 나온다."

이 말을 기억하라. 실행은 '충분할 만큼' 하면 된다. 충분히 실행이 된 후에는 다시 전체 그림 속에서 현재 위치를 점검하라. 사업계획은 내가 코앞의 실행에 함몰될 때 전체를 관망하기 위해 반드시 다시 꺼내보아야 할 객관성이다. 중력장에 빠져들지 않으려면 달처럼 일정한 거리를 유지하는 게 필요하다. 그런 의미에서 사업계획은 다시 들여다보아야 한다. 그렇게 사업계획은 작성을 마친 뒤에도 활용되어야 한다.

가까이 보이는 곳에
붙여둔다

5장에서 소개했던 회사의 이야기를 마지막으로 전달하는 게 좋을 것 같다. 우리는 최종적으로 부서별 업무계획과 직원 개인별 플랜까지 작성을 마친 뒤 '비전 2020' 선포식을 거행했다. 내가 그 회사와의 컨설팅에서 특히 뿌듯하게 여기는 성과 가운데 하나는 구성원 전체에게 회사의 목표를 공유하고, 사원들의 의견과 제안을 적극적으로 목표에 반영했다는 점이다. 그날 선포식에는 각 부서에서 대표 발제자가 나와서 부서별 업무계획을 상세히 발표했다. 선포식은 성공적으로 마무리되었다.

그리고 이 회사 컨설팅의 마지막 과제가 있었다. 나는 사장에게 요청하여 회사의 비전과 전략, 부서별 업무목표를 출력하여 전 직원의 책상에 달력처럼 세워두게 했다. 이제 그들은 책상에 앉을 때마다 회사가 어디로 가려고 하는지 확인하게 될 것이다. 자신에게 부여된 1주일짜리 플랜을 수행하면서도 이 작은 플랜이 전체 그림에서 어디에 위치하는지 이해하게 될 것이다. 전체 그림을 알고 가는 사람은 우선, 길을 잃지 않게 되고, 나아가 자기 역할에 의미를 부여할 수 있게 된다.

만일 가능하다면 오늘 작성한 사업계획은 한 장에 출력하여 어딘가에 붙여 두기 바란다.

사진으로 찍은 1장의 사업계획을 컴퓨터 바탕화면으로 설정하는 것도 좋다. 매일 아침 컴퓨터를 켤 때마다 당신은 사업계획을 마주하게 될 것이다.

사장실 문이나 부서 사무실 앞에 붙이는 것도 좋다. 출근길이나 화장실을 다녀올 때, 혹은 외근 후 돌아올 때마다 당신은 사업계획을 볼 수 있다.

휴대폰 첫 화면도 좋다. 하루에도 수십 번씩 바라보는 게 휴대폰 잠금화면이다. 출력물을 사진으로 찍어서 잠금화면에 등록하면 당신은 의도하지 않은 상황에서도 늘 전체 그림을 볼 수 있게 된다.

당신의 낭랑한 목소리로 미션 등을 녹음한 뒤 이를 아침 알람소리로 등록하는 것도 좋은 방법이다. 당신은 사업계획과 함께 매일 아침 잠을 깰 것이다.

아마도 스티브 잡스가 매일 아침 거울을 들여다보았다는 얘기를 들었을 것 같다.

"오늘이 내 인생의 마지막 날이라면 나는 오늘 무엇을 해야 할까?"

스티브 잡스는 여러 가지 아이디어를 갖고 그날 하루를 시작했는데 그때마다 거울을 들여다보며 자신의 아이디어들이 정말 내 인생에 값어치 있는 일인지 확인했다고 한다.

사업계획을 들여다보는 행위도 이와 똑같다. 내가 뭔가를 해야 할 때 그 일이 사업계획에 비춰 의미 있는 일인지, 우선순위에 해당하는 일인지 스스로 점검할 수 있기 때문이다.

내가 다니는 모든 곳에 사업계획을 붙여두자. 눈에서 멀어지면 마음도 멀어지는 게 사람이다.